焦慮自療

湯國鈞　江嘉偉　陳佩珊　著

健康情緒自助系列（2）

焦慮自療

作者／湯國鈞　江嘉偉　陳佩珊
總編輯／馬鎮梅
責任編輯／伍詠慈
封面設計／范育賢
美術設計／許智超　陳詩韻
出版發行／突破出版社
香港沙田亞公角山路33號突破青年村
電話：2632 0000　傳真：2632 0388
電郵：breakthrough@breakthrough.org.hk
網址：http://www.breakthrough.org.hk
http://www.btproduct.com
承印／陽光印刷製本廠
2008年7月初版1刷
2015年10月初版4刷
2018年7月2版1刷
2025年8月2版3刷

Effective Self-help for Anxiety
by Anthony Tong, Paul Kong & Vivien Chan
First Printing, First Edition, July 2008
Fourth Printing, First Edition, October 2015
First Printing, Second Edition, July 2018
Third Printing, Second Edition, August 2025

Printed in Hong Kong
ISBN 978-988-8392-79-7

誠邀閣下就突破出版社的書籍發表意見
歡迎加入突破出版社 Facebook page — http://www.facebook.com/btbooks.page
本書採用環保油墨印刷

心　理　診　療　所

關懷、連繫、復和、

溝通、對話……

凝視心之脈動，

直到重新尋獲自己的心。

目錄

劉家祖序

提起焦慮，我不期然想起范仲淹這句話：「先天下之憂而憂，後天下之樂而樂」。小時候，我很敬佩他的精神，但成為臨牀心理學家後，卻發現在今日，一個先天下之憂而憂的人，如果他不是從政者，便可能是我們所說的「焦慮症」患者！

本來，焦慮是一種情緒，每種情緒都有它的作用。但當任何一種情緒太極端或者太偏激，便成為負累，甚至是病態。中國人相傳「中庸之道」的智慧：適度的焦慮，正如適度的壓力，是必要的；它會幫助我們提高警覺，令我們避免許多危險。但過度的焦慮，便會成為阻礙我們前進的絆腳石了。

在我過往的工作經驗中，很多人為不同嚴重程度的焦慮症求助——雖然他們求助時，未必知道自己是患了焦慮症。今天的香港人，對焦慮症的認識，比二十年前提高了；然而卻還有很多人一知半解，甚至仍然把焦慮症當作洪水猛獸，避之則吉。他們不明白焦慮症和其他情緒病一樣，是可以預防，亦可以「自療」的。

誠然，嚴重的焦慮症狀，需要深入的心理、甚至藥物治療。但是，未發或初發的焦慮症，其實可以靠自己改變心態和行為來預防或者減輕症狀——至於能否做到，在於我們能否認清焦慮的真面目。所以我很高興見到這本書面世，書中為讀者詳細分析焦慮症的成因，介紹主流治療方法。但最重要的，是書中提供了許多心理自助練習。

「病向淺中醫」、「預防勝於治療」，雖是老生常談，卻是至理名言。能夠明白焦慮症是什麼，已經可以幫助我們減少許多焦慮！這書中我喜歡的是除了介紹傳統的認知行為療法外，也從靜觀心理學和正向心理學的角度去理解和處理焦慮。在我的臨牀工作經驗當中，「心態」的轉變，是治療任何心理問題的竅門——正所謂一切都是「在心中」。心態轉變了，無論對預防或治療，都是成功的先決條件；而靜觀心理學及正向心理學正是改變心態的入門良方。

無論是一般的焦慮情緒，或是焦慮症，都需要認識。最重要是以「平常心」來面對，既不可諱疾忌醫，也不可胡亂服藥。要知道，任何事情，能夠自助，都是種福分——所以自療是很重要的。希望這本書，可以給讀者一些啟發。

劉家祖
資深臨牀心理學家
香港心理學會院士

梁若芊序

形容現代人的生活，總離不開「緊張」、「壓力」、「憂慮」、「煩惱」等詞彙。從前，「焦慮症」、「抑鬱症」是一些難以宣之於口的精神困擾。隨着業界努力推行大眾教育，患病人士站出來分享自己的經歷，現在它們已變成廣為人知的「心理感冒」。對現代人來說，焦慮抑鬱好比感冒一般普遍常見，卻又不能輕視忽略。大眾帶着戰戰兢兢的態度，檢視自己的情緒狀況和心理質素，一時間自我測試問卷和自助材料便成為每家每戶不能缺少的「心理探熱針」。

許多出版商指現代人不愛讀書，除非是實際實用的工具書。於是坊間自然地湧現各種各樣的自療書籍，各行各業又提供五花百門的「治療」及「預防」方法。在這個百花齊放各取所需的年代，說人家的方法不科學、沒有實證、有反效果、有害無益……往往招來一句：「不過我感覺良好嘛，何害之有呢？」於是任憑學術研究如何反省，批判某些花巧的治療和自療方法，心理工具書在市面上仍像雨後春筍般發揚光大。看來只有心理業界同心協力，把學術研究和臨牀實踐經驗，用深入淺出、實用而生活化的文字，以助人自助的精神，與大眾一起研習，才可以將有效的焦慮抑鬱實證治療方法深入民心，向有需要人士提供一些不會勞民傷財的心理治療方法。

我相信《焦慮自療》就是以此為目標的自助書籍，它把認知行為療法、正向心理、自信、自我效能感和「靜觀」生活態度、接受和承諾治療等心理學說，化作生活練習，讓讀者可以認識焦慮壓力，減輕焦慮症的困擾；並提出改善現代人生活壓力和增強心理素質的價值追尋，指導讀者建立輕鬆自在、不怕焦慮的人生。

從大學年代認識的湯國鈞同學，到現今聯合情緒健康教育中心主席的湯國鈞博士；從多年前的實習臨牀心理學家，到現在獨當一面的臨牀心理學家江嘉偉先生和陳佩珊女士，他們每天在工作崗位努力協助病人克服焦慮，更在百忙中編寫這本自療手冊，展示他們樂意把學術研究和臨牀實踐的經驗心得，與病人、讀者和同業分享的情操。能夠為此書撰寫小序是本人的榮幸，亦是一個分享同業朋友成果和青年才俊成就的緣分！

梁若芊
臨牀心理學家
香港大學輔導及心理培育總監

作者序

焦慮的本質就是害怕（fear），當我們害怕失去所重視的、或感到放在自己身上的要求遠高於自己的實際能力時，我們便會感到焦慮。現代文明為我們帶來無盡的舒適和享受，但同時也製造無數的壓力和焦慮——趕不完的死線、急劇的轉變、失落了的安全保障、白熱化的競爭和無窮的慾望與追求等，似乎都是人類現代化過程中無可避免的代價。

的而且確，沒有人可以完全掌握自己的人生，現實中總會有失望、意外、不受自己意願控制的情況出現，我們愈不願意去接受這事實，就可能會愈容易感到焦慮。當然，焦慮不一定是壞事，它可以是我們生命的動力，驅使我們避開危險和防患未然，甚至努力追求理想。然而，若不善於處理焦慮，它也可以成為你的敵人，窒礙你的成長，破壞你的幸福，嚴重的甚至會成為情緒病——焦慮症。

因此，學習有效處理焦慮情緒的策略，可說是現代人不可或缺的生存技能，本書就是為這個目的而寫。《焦慮自療》是聯合情緒健康教育中心撰寫的「健康情緒自助系列」第二本自助手冊（第一本是《抑鬱自療》）。我們深信情緒健康是現代人極之需要的，現代生活有太多對我們心理健康的威脅，而學習情緒自助是保障身心健康的重要途徑。

近年心理健康和心理治療在本地已廣泛地被肯定和接受，但礙於各種原因，有需要而又能夠接受心理治療的人士始終有限。這個健康情緒自助系列就是為了讓更多朋友可以透過自學來改善自己的負面情緒。書中所建議的焦慮自助方法都是由經實證的心理治療發展出來，絕對有根有據。當然，假如你已被診斷患上焦慮症，或焦慮情況嚴重，請儘快尋求專業治療，而這本書可成為你戰勝焦慮的輔助工具。當然，專業輔導人員亦可用本書來協助有焦慮問題的受助人。

我們希望透過心理健康教育和情緒自助的途徑，讓更多朋友可以有能力與焦慮共舞，過一個愉快美好的生活，這是我們最大的心願。誠意向關心心靈健康的你推薦這書。

最後，要感謝吳雁詞小姐為此書部分內容作資料搜集，特此鳴謝。

湯國鈞
基督教聯合醫務協會
聯合情緒健康教育中心主席

特此鳴謝 Focus Psychological Enrichment Centre Co. Ltd. 於寫作此書時所給予的支持。

陳佩珊謹識

導言　焦慮自療

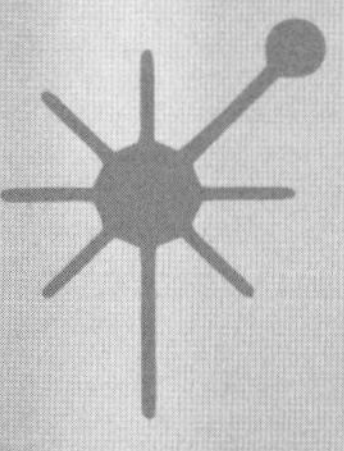

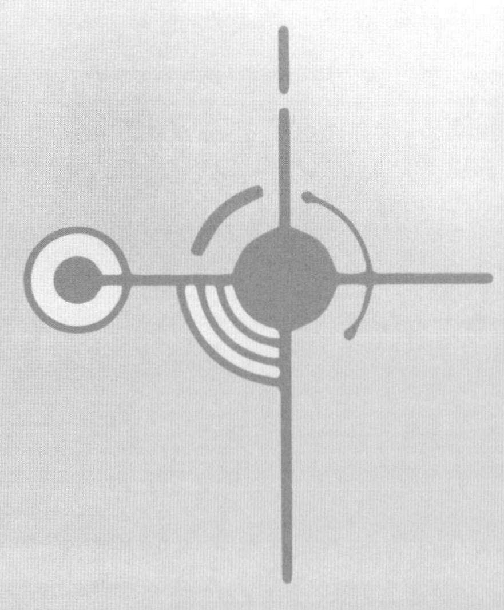

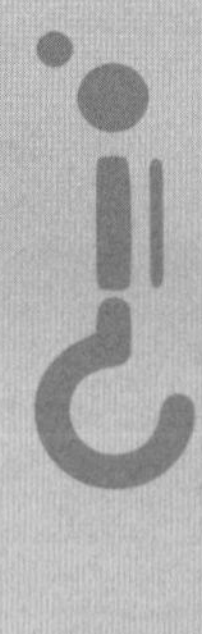

1 焦慮：廿一世紀的「流行性感冒」

為什麼你會選擇了這本書呢？焦慮是否你正在掙扎的問題？事實上，焦慮已經成為現代都市人幾乎無法逃避的問題，它對我們心靈的侵蝕已到了不容忽視的地步。甚至有學者指出，社會上有四分一的成年人一生起碼患上一次焦慮症，可見這是個多麼普遍的流行病。

我們稱焦慮為廿一世紀的流行性感冒，事實上每個人都有機會患上，而且它會傳染；焦慮的人會令身邊人感到不安和壓力，大家在不知不覺間變得急躁。如果處理不當，焦慮甚至可以成病——焦慮症，嚴重影響你的健康和生活。為什麼我們要寫一本焦慮自療的書？我們知道天冷了要多穿衣服才不會着涼，怎樣醫治和預防這種損害心靈的「感冒」，是每個人都必須學會的。這本書就是要幫助你面對和克服焦慮，做自己情緒的主人。

話你知

有關焦慮的統計數字

美國

焦慮症是美國最普遍的精神病，全國有 18.1% 的成人（約四千萬人）受焦慮困擾。常見的焦慮症包括驚恐症、恐懼症、社交焦慮症和廣泛性焦慮症。最多人患上的是社交焦慮症，估計全國有一千五百萬名患者。患上廣泛

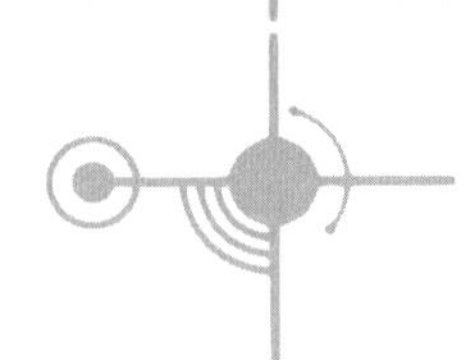

性焦慮症和創傷後壓力症的分別有六百八十萬人和七百七十萬人。女性患上驚恐症、創傷後壓力症和廣泛性焦慮症的數目比男性多。

九一一恐怖襲擊後，不少經歷此劫的美國人都有難以忘懷的陰影。事件發生後半年，有調查發現差不多四分一受訪美國人認為，那時是他們一生中最驚惶焦慮的日子。

加拿大

單在 2002 年，估計有七十五萬名成人患上社交焦慮症。超過二百萬人在過去曾受或正受社交焦慮症困擾，佔全國人口 8%。現有的社交焦慮症患者，超過六成未曾嘗試尋求專業協助。

德國

每名德國人一生有 15% 機會患上焦慮症，女性患上焦慮症的機會是男性的兩倍。人口比例上有大約 9% 的人證實患上焦慮症。

香港

研究估計全港有多於十一萬人患上廣泛性焦慮症，佔人口 4.1%，當中九成患者都認為焦慮症影響他們的工作。雖然如此，只有四成患者尋求專業協助。調查發現，大約 4.4% 的人口有驚恐症症狀。另一個在 2003 年進行的訪問則發現，有 3.2% 受訪者患上社交焦慮症，估計全港有多於十一萬人是社交焦慮症患者。社交焦慮症患者的平均患病年期竟長達 12 年，相信是因為只有極少數人為此求診，很多患者都沒有得到診治。

2 焦慮不可怕

看到以上的統計數據，你可能認為焦慮是洪水猛獸，非常嚇人，其實並不盡然！人生有起有跌，變幻無常，焦慮是我們面對不肯定和遇到過多壓力時的正常反應，不一定是件壞事；相反，完全沒有焦慮可能會阻礙我們奮力向前，為理想而努力。不過當焦慮的程度超越了合理、正常的尺度，嚴重影響你的生活和身心健康，那就要設法尋求解救之道，本書就是要幫助你處理不正常的焦慮心理。

話你知

動物也焦慮？

焦慮反應不是人類獨有，我們在動物身上也發現焦慮反應。有一名生理學家把動物在壓力下產生的激素注入貓身上，結果貓兒的心跳立刻加快、呼吸短促、瞳孔放大、血液大量流向心臟和肌肉，這不是和人的焦慮反應相似嗎？

3 心理自助的理論基礎

討論區

無助的經理

達明大學畢業後加入了一間頗具規模的銀行做事，由低做起，由於他工作勤奮認真，為上司所賞識，短短幾年間就當上了分行經理，前途本是一片光明。但最近銀行高層有人事變動，方針有所改變，對分行業績的要求忽然提高不少，造成達明頗大的精神壓力。這幾個星期他發覺自己愈來愈缺乏耐性，脾氣容易暴躁；手上總有做不完的工作，下班時間愈來愈晚，差不多每晚回到家仍要繼續工作至凌晨，週末也不能輕鬆一下。他更留意到自己經常有心跳急促和頭痛的現象，晚上睡不安寧，終日眉頭總是繃得緊緊的。達明知道自己不能這樣下去，但又找不到解決和疏導情緒的方法，也不知應否向醫生或心理學家求助。

想一想：

1. **你認為達明是否已經患上焦慮症呢？**
2. **達明可以怎樣處理自己的情緒？他需要求助嗎？**

心理自助在西方心理學和心理治療界近年極之流行，其崛起具幾方面的特殊因素。首先是現實資源的限制，心理輔導或治療服務永遠都不足夠，有些估計指出社會上所需的心理治療服務，往往是現存的十倍，即大量有需要人士無法得到心理治療。

香港的情況應該比西方社會更為嚴重，因為香港的心理輔導或治療服務相對短缺，以致公共服務的輪候時間極長；大部分人又負擔不起私人執業的收費，所以說香港的情況要比西方國家更為嚴重，是不爭的事實。

第二，心理自助其實也是心理治療的重要元素，兩者關係密切。心理治療雖然有賴心理治療師的引導，但案主仍須願意努力學習如何改善自己的心理問題，學習有效的生活技能，以增強自己應付問題的心理資源。

到底情緒自助是否真的有效呢？心理學的理論和研究結果都肯定這點。文獻顯示，只要當事人願意努力嘗試和實踐所學的方法，情緒自助的確可以改善焦慮問題。

本書的情緒自助原則和方法源自經驗證為有效的心理治療理論和方法，主要包括認知治療（Cognitive Therapy）、行為治療（Behavioral Therapy）、靜觀治療（Mindfulness Therapy）以及接受和承諾治療（Acceptance and Commitment Therapy）。這四種心理治療的精粹分別為：

(1) **認知治療**　針對個人的主觀想法，藉着認識和改變自己思想上的盲點和陷阱，建立更健康正確的思維和信念，以改善焦慮的問題。我們可

以透過改變對事情的自動化想法及其背後的核心信念，從而改善自己的情緒和行為。本書第六章〈思想起革命〉會助你檢視自己思想和信念上的問題，建立有益正面的思維。

(2) **行為治療** 主要以改變行為模式為治療的重點。受焦慮困擾的人經常會有逃避問題的行為，然而愈是逃避，問題愈解決不了，自己就會更焦慮，也更易掉進逃避的惡性循環中。行為治療透過認識問題行為的成因（特別是環境因素）和學習改變行為的方法，以改善焦慮的情緒。本書第七章〈擁抱挑戰〉會提供有效的行為自助方法。

(3) **靜觀治療** 引導我們學習有意識地、不加批判、以接受的態度專注於此時此刻自己內外的經驗；從而孕育出敏銳的覺察力和思考力，重建內在的智慧和動力，解開自己的困擾和潛藏的不安情緒，使能重新掌握自己的生命方向和心理質素。本書第九章〈心靜無煩憂〉會助你掌握靜觀的方法，以提升你的內在智慧和扭轉焦慮的情緒。

(4) **接受和承諾治療** 是最新發展出來的新一代認知行為療法。這套療法相信，焦慮或其他情緒問題，都源於我們對情緒和思想的錯誤理解和掌握所造成。這套治療認為心理健康的重點乃「心理彈性」(psychological flexibility)，要達致這點就須同時注重兩點：全然接受人生的真實，不去逃避痛苦的經驗；並承諾追求和實踐自己的信念和價值，過一個意義為本的生活。

本書的情緒自助方法大多以治療焦慮症最常用的認知行為療法（Cognitive-behavioral Therapy）為理論根據演變出來，此種療法的重點是：要改善情緒，應由思想和行為兩方面入手。研究顯示，以這種療法為基礎的自助技巧最為見效，而且，在專業人士引導下進行情緒自療，效果更理想。

此外，本書的第十章〈正向心理、積極人生〉亦會為你介紹近年發展迅速的**正向心理學（Positive Psychology）**，這門學問專注研究正向心理和理想人生所需的心理和客觀條件，如樂觀、愉快、希望、抗逆力、美德與品格等，當中有很多理論和技巧可助你扭轉生命的方向，追求愉快正面的經歷，重建生活意義，這可能是最徹底戰勝焦慮的途徑。

4 本書目的和特色

當我們計劃寫《焦慮自療》時，並不想寫一本深澀難明，滿是理論但不切實際的書，這對一般讀者無大幫助；也不是要寫一本介紹焦慮症的書，因為這方面的書已經不少。我們認為，如果閱讀本書的朋友，真的患有焦慮症或受焦慮情緒困擾，單單認識一些焦慮症或情緒健康的知識並不足夠。事實上，很多人可能患上了焦慮症而不自知，更不知原來應付和治療焦慮症，有相當多有效的方法。我們希望透過本書，讓讀者掌握焦慮自助的方法，包括認清自己的焦慮問題，了解焦慮症的成因與特徵，學會改善焦慮的有效方法。

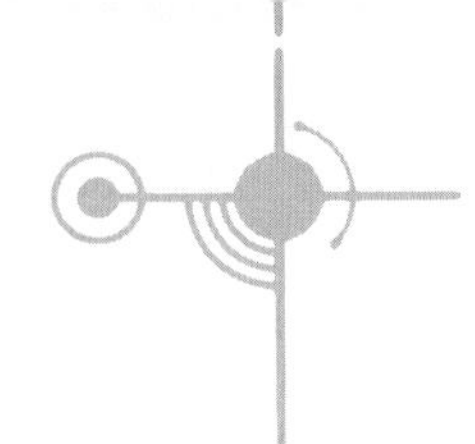

本書內容建基於「情緒自助人人做到」的信念，希望此書能深入淺出，對實際問題提出切實的處理方法。這些方法都是根據心理學和精神醫學，尤其是心理治療和輔導方面的理論和研究，加上作者本身的臨牀經驗，匯聚而成。這些方法曾被無數焦慮症病人使用過，證實有效；所以，我們相信只要你認真去學，你的焦慮情況一定會改善。

可是，我們必須聲明，假如你已被確診患上焦慮症，你應該立即尋求適當的治療，不論是藥物或心理治療，單是閱讀本書或靠一己之力很難完全康復過來。然而，這本情緒自助書對你仍很有價值，因為情緒自助和自我管理本身也是心理治療的一部分，努力幫助自己改善心理健康，是勝過焦慮不可或缺的一環。

4.1 本書適合你使用嗎？

本書不單為患上焦慮症的朋友而寫，也為經常感到焦慮不安、或受焦慮情緒困擾的朋友而寫。其實，本書亦很適合沒有患上焦慮症，但希望預防自己被焦慮情緒困擾的朋友。事實上，「預防勝於治療」是個非常重要的生活態度和原則。總的來說，只要：

- 你懷疑自己患上焦慮症，或已被診斷為焦慮症患者；
- 你或許沒有患上焦慮症，但心情經常處於緊張焦慮的狀態，又或者生理和行為上經常有焦慮反應，你可以運用本書的方法，大大改善自己的情緒問題；

- 你的親友患上焦慮症，本書會幫助你了解他們及掌握一些能幫助他們的方法；
- 你認為自己的情緒無問題，但希望從預防的角度了解如何保持心情開朗，即使生活遇到挫折，也可以積極面對；
- 你從事心理治療或輔導，或提供服務予情緒受困擾人士，本書會為你介紹現今焦慮心理治療最有效的方法。

如果你是從事輔導或心理治療的專業人士，可將本書介紹給焦慮症患者或受情緒困擾的人，鼓勵他們依照書內方法練習，作為心理治療的輔助工具。你更可在輔導中與受助人一起討論本書內容，以達到最佳的療效。書中的內容和建議亦適合運用於小組治療或自助小組中，用作分享、討論和練習的藍圖，相信對小組治療的成效一定有幫助。

4.2 如何使用此書？

為了達到以上目的，書內會有下列四項重點說明，藉此糅合理論與實踐，互相配合，期望有助讀者了解和實踐書中的方法：

討論區

參考專家臨牀經驗而編寫的模擬個案，讓讀者透視不同的焦慮問題。

話你知

提供科學驗證的研究結果，讓讀者掌握有關焦慮問題的資料。

提提你

在學習或運用書中提供的方法時，要特別注意的事情。

實戰區

鼓勵讀者按照本書設計的自助練習，進行實習、記錄和分享。

我們建議你由第一章開始，順序讀下去；或先讀你最感興趣的自療方法。希望你按書中的提示和練習去做，親身體驗比單單閱讀有效得多。不信？試試就知道了！

如果你依照本書的建議嘗試了一段時間，情緒問題仍未能改善，應立即尋求專業人士如精神科醫生、臨牀心理學家、受過精神病專業訓練的家庭醫生、社工或輔導員等協助。

參考資料

The Canadian Community Health Survey (2005). How healthy are Canadians? Retrieved from the World Wide Web: http://umanitoba.ca/libraries/units/datalib/cchs.htm on 26 Feb 2008

Kessler, R.C., Chiu, W.T., Demler, O., & Walters, E.E. (2005). Prevalence, severity, and comorbidity of twelve-month DSM-IV disorders in the National Comorbidity Survey Replication (NCS-R). *Archives of General Psychiatry,* Jun, 62(6), 617-627.

李誠（2004）:《談情說病：漫談情緒病》。香港：天健出版社。

失眠

心煩意亂

失去自信

容易受驚

坐立不安

第一部分

焦慮：廿一世紀的「流行性感冒」

第一章　焦慮情緒面面觀

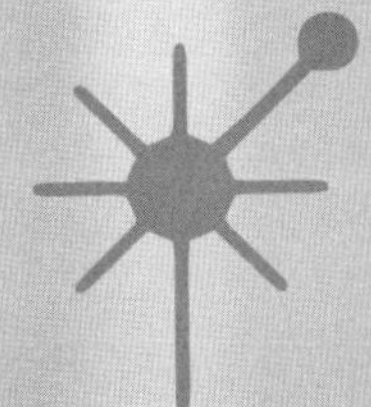

疼痛是健康的，它警告你，身體有事情不對了；

恐懼也是健康的，它讓你脫離安逸，勇於面對挑戰。

——英特爾（Intel Corporation）前執行長

葛洛夫（Andrew S. Grove）

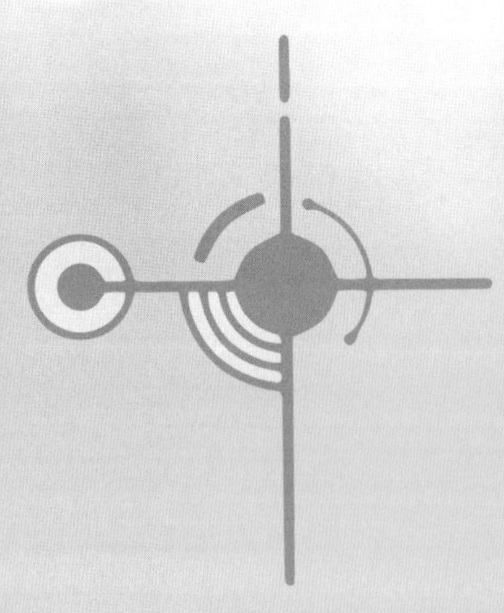

1 透視情緒

你覺得情緒是你的敵人還是朋友？每個人都有情緒，沒有情緒經驗的話，人生也不會感受到甜酸苦辣的滋味。雖然我們對情緒的日常用語都似乎帶有貶意，例如「鬧情緒」、「情緒化」等，**但情緒在我們的人生中其實佔有一席極重要的正面位置**（例如許多人視追尋快樂為人生的最高目標）。

情緒的英文是 emotion，字根來自拉丁文 exmovere，意思是出動、挑動、或刺激，含有挑起衝動或行動的意思。事實上，當你經驗某些情緒時，自然會感到一種要做些什麼的衝動，來配合這種情緒，例如恐懼的情緒會叫你想去逃跑或逃避，因你感覺到危險威脅的存在。焦慮也是情緒的一種，是人面對威脅時的本能反應。

有些人能夠與自己的情緒做朋友，善於了解和處理自己的情緒，甚至善用情緒；但有些人的情緒是自己的「敵人」（甚至是「頭號敵人」），情緒困擾他們，嚴重的可演變成情緒病，焦慮症正是其中一種。

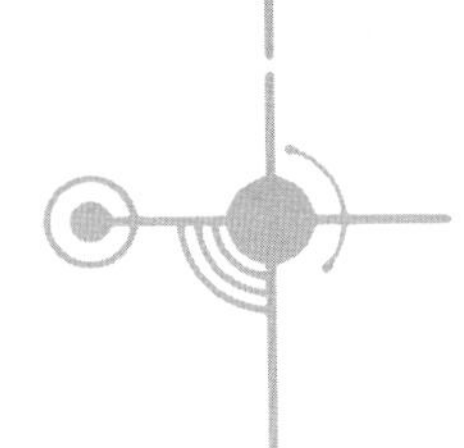

1.1 情緒：是敵？是友？

話你知

情緒有益

假如你置身以下情境，但感覺麻木、無所謂、不作出任何行動，你會喜歡自己這樣嗎？

- 6 歲的兒子正衝出車水馬龍的馬路
- 工作時辦公室樓上有濃煙冒出
- 三頭凶猛的大狗正在身後追趕
- 心愛的人患上重病
- 閃電時自己正處身高地

就像肌肉要經過壓力的鍛煉才會變得強壯，人經歷過情緒低點後可以變得更堅強。所以，就算是負面的情緒也有它的用處。

心理學告訴我們，不論正面或負面情緒，都有其存在價值。情緒是個人對現實或想像中環境所產生的喜惡反應，是需要和期望獲得滿足或遭受挫折造成的迴響。各種基本情緒都有其功用，例如：

快樂：使我們感到有活力，推動我們為目標而努力

恐懼：讓我們的身體為遇上的潛在危險作出預備

悲傷：從痛苦中得到休息和反思的機會

憤怒：叫我們有力量去保護自己

驚訝：引起我們的求知慾，增強我們的警覺性

專門研究情緒的心理學家 Greenberg 和 Paivio 認為情緒有以下功用：

(1) 引發行動

當經歷某些情緒時，我們的身體自然會作出相應的準備，使我們能隨時作出適當行動。

(2) 提供重要情報

情緒的產生，是要告訴我們留意一些現實中發生了的事情；假如我們忽略了情緒的提示，隨時可能會有負面後果出現，例如不懂得逃離危險或忽略人際關係中應留意的地方。

(3) 推動正面行為

若缺乏情緒推動，我們可能會變得非常被動和消極，不會去為自己爭取更多利益和好處。很多時為了叫自己快樂些，我們會主動、積極投入對

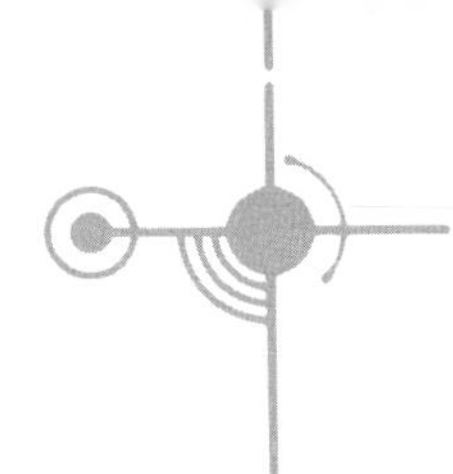

自己有益的活動。

(4) 與人溝通的渠道

有否想過情緒不只是個人的事，也是人與人之間溝通的橋樑？在與人相處時，我們往往透過表達情緒或感受，或解讀對方的情緒，才能達成有效的接觸。所以，情緒確是溝通中重要的一環，錯誤表達或解讀情緒會造成很大的溝通障礙，直接影響人際關係。

因此，可以肯定地說：**情緒是我們的「發電機」和「指南針」，是我們生存的必備工具。**善用這工具的人，自然會生活得愉快和幸福。

1.2 情緒的類別

我們每個人都會經驗到各種不同的情緒，大部分學者認為人有九種基本情緒，包括喜樂、愛、興趣（interest）、哀傷、驚訝、恐懼、厭惡、內疚和憤怒。心理學家 Russell 和 Plutchik 將各種情緒以兩個向度來分類：**一個是愉快／不愉快的向度（pleasantness-unpleasantness dimension），另一個是強／弱的向度（intensity dimension）。**經驗告訴我們，某些情緒基本上會令我們產生愉快的感覺，如歡欣、喜悅、滿足、平靜、鬆弛和自信等，而某些情緒令我們產生不愉快、抗拒的感覺，如恐懼、憤怒、哀傷、內疚、厭惡、憎恨和抑鬱等。我們的自然傾向是歡迎愉快的情緒，抗拒或逃避不愉快的情緒，所以前者又稱為「正面的情緒」，後者稱為「負面的情緒」。

另一個情緒向度就是強／弱的分別。強烈的情緒很易被感受得到，使我們不能忽視。換句話說，這些情緒的嗓子很高，能夠經常大聲地向我們呼喊，叫我們不能不注意它們，例如哀傷就是一種強烈的情緒。力度較弱的情緒，如微弱的聲線，要留心聆聽，才可以發掘得到，例如輕微的不安就是種較微弱的情緒。每種基本情緒如喜怒哀驚，都有不同強弱程度，對我們的影響也各有不同。正如其他情緒一樣，焦慮也有強弱的分別，這是我們需要注意的。

情緒的經驗也可分情緒狀況（emotional state）、慣常情緒反應（emotion trait）和心情（mood）。情緒狀況指在某個時刻下特定的情緒，例如憤怒、哀傷、歡樂等，這些情緒狀況會不斷改變，一天之內你可經歷無數的情緒狀況。了解這點有助我們坦然接納自己的情緒狀況，明白最壞、最辛苦的時刻，或是最愉快、最歡喜的時刻，都一定會過去和轉變。

慣常情緒反應指我們對事情產生的慣性情緒反應，就像人的個性。有些人的慣常反應是焦慮，經常都感到不安和緊張；有些人則很易被生活瑣事激怒。這些慣常的情緒反應，可說是我們性格的一部分，兼備先天和後天的因素。

最後，**心情是指一個人在某段時期裏的內心感覺或情緒**，這可與慣常的情緒反應有一定關係。慣常有開心情緒反應的人較易變得愉快，慣常有憂鬱情緒反應的人則動輒心情低落。假如負面心情維持一段頗長的時間，揮之不去，造成嚴重影響的話，那就可能是患上情緒病了。

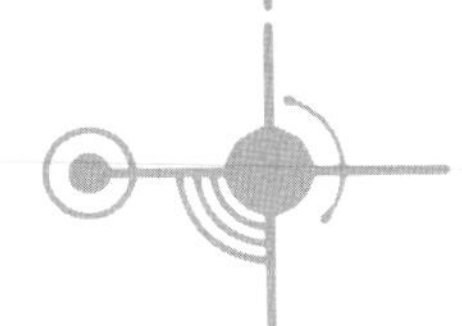

情緒詞彙練習：不同向度的情緒

情緒以兩個向度來分類：

1. 愉快 / 不愉快

十分愉快　　愉快　　不愉快　　十分不愉快

2. 強 / 弱

極強　　強　　中　　弱　　極弱

不同向度的組合可以用來形容不同的情緒：

例如：十分愉快 x 極強 ＝ 欣喜若狂

活動： 試為以下向度組合想出適合的情緒詞彙，記着：同一個組合可以有多過一個的情緒詞彙。

a. 愉快 x 極強 ＝ ____________________

b. 不愉快 x 強 ＝ ____________________

c. 愉快 x 弱 ＝ ____________________

d. 愉快和不愉快中間 x 中 ＝ ____________________

答案範例：

a. 興奮莫名　b. 鬱鬱不歡　c. 竊竊自喜　d. 哭笑不得

1.3 對待情緒的態度

我們對待情緒的態度是怎樣形成的呢？答案離不開原生家庭的影響和成長的經驗。如果你的父母不能接受不愉快的負面情緒，那你也很可能像他們那樣看待這些情緒；當你年幼時向他們表達這些情緒，他們可能會否定你的表達方式，如「男孩子不應該哭！」、「你不要緊張，緊張也沒有用！」、「在家裏不准發怒！」久而久之，你就會在潛意識裏同樣否定自己的情緒，造成一種抗拒負面情緒的不友善態度。

人總是希望享受快樂、逃避痛苦，所以自然會抗拒叫人不愉快的情緒。可是，客觀研究和主觀經驗都顯明：抗拒和逃避這些情緒，只會加深我們的困擾。其實情緒是與生俱來、自然而生的，有些情緒叫我們感到愉快，有些情緒則叫我們感到不愉快，這都是真實人生的寫照，我們不能逃避，應該接受。**假使我們學會接納痛苦的情緒經驗，視為人生不可避免的一部分，那我們反而有機會減輕這種痛苦**。反之，不願意接納痛苦感覺的人，面對不能改變的痛苦經歷時，只會感到更加困擾，這也是靜觀治療與接受和承諾治療所提倡和主張的。

2 焦慮的世界

焦慮是否你最常有的情緒呢？**焦慮（anxiety）反應是其中一種屬於驚慌（fear）的基本情緒**，若單指心情或主觀感覺，可籠統地用「緊張」、「擔心」等字眼來形容，面對壓力、威脅或危險時，我們自然會緊張，甚至驚慌。然而，焦慮的情緒不單指心情緊張或擔憂，除了主觀感覺外，當中還

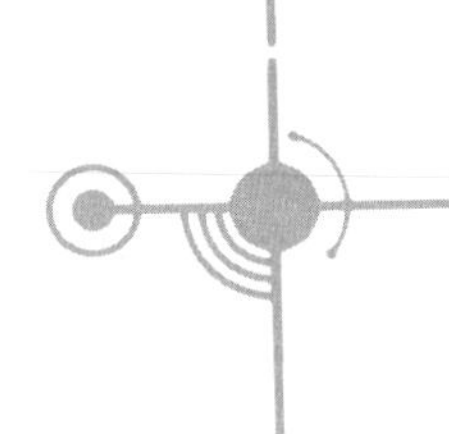

包含了思想、身體及行為三方面的狀態：

(1) 焦慮的想法

焦慮通常與你對現實或所發生的事情的主觀評估有關，焦慮的想法往往引發自危險、受傷害、受攻擊、受威脅和可能失去重視的東西等主題，如想到失業、失戀、離婚、工作壓力、患病、死亡等。這些評估直接影響你的安全感，令你感到生存空間正在不斷縮小。第六章〈思想起革命〉將會繼續分析和討論。

(2) 焦慮的生理反應

緊張或焦慮會帶來生理上的自然反應，心理學家Cannon稱之為**「戰鬥或逃避反應」(fight-or-flight response)**。當你面對危險或威脅時，自然會啟動這個警報系統。這個系統幫助我們在危險情況下，為逃離險境作出準備，又或者在逃避不了時，裝備我們為生存而戰鬥。這個警報系統一旦啟動，腦部會立即傳達「有危險」的信息，由神經系統釋放出荷爾蒙，把信號發放到身體不同部分，產生相應反應：

- 思想變得集中、警覺性提高
- 血管收縮，作出有可能受傷的準備
- 心跳加快、血壓上升
- 流汗、體溫下降
- 血液流向肌肉
- 消化減慢以保留體能

- 口水分泌減少
- 呼吸加快，鼻孔和肺的呼吸通道擴大，更快吸入空氣
- 肝分泌糖釋出更多能量
- 括約肌肉收縮以關閉大腸及膀胱入口
- 免疫系統反應減慢

（3）焦慮的行為傾向和後果

每種情緒就像電腦的指令程式，會驅使我們作出某些相關的行動反應。如前所述，焦慮或緊張的基本指令就是逃避或戰鬥，選擇哪種反應視乎現實環境與我們的主觀評估而定。「戰鬥或逃避反應」是人類生存所需的警覺反應，面對當前危機極為有用；可惜現代生活中很多危機和威脅，都是較複雜和滲入較多心理因素，本能焦慮反應未必有效幫助我們面對。很多時我們既不能逃走，亦不能戰鬥，例如面對挑剔你的上司，或朋友的惡意批評，你的焦慮反應往往未能幫上忙，甚至可能成為你的包袱呢！

很多時候我們因希望儘快遠離或消除焦慮這種負面情緒，都喜歡選擇逃避。但是草率地逃避是不智的，例如因害怕失敗而放棄挑戰、因怕面對生病而逃避身體檢查、或為了逃避傷痛的感覺而酗酒或依賴藥物等。這些態度根本不能真正解決焦慮問題，只會把事情愈弄愈糟，帶來更壞的後果。

正常情況下，當危機消失，焦慮情緒亦隨之下降，令身體和心理狀況回復正常水平。但若你長期處於這種警覺的狀態，危機的意識未能化解，你的焦慮就難以平復。這種情況若持續一段時間仍未能得到解決，焦慮就可能會影響你的身心健康，引起嚴重的後遺症。

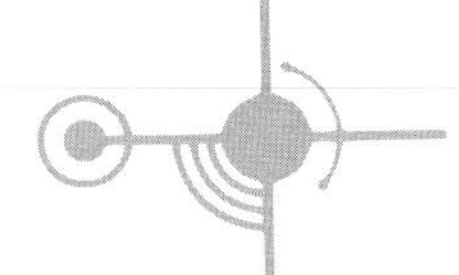

焦慮的情景

以下都是通常引起焦慮的情景：

- 不符合別人的要求和期望，害怕被批評或令人失望
- 建制下的壓力，被迫去符合既定的標準和期望
- 不能確保自己的基本生存條件
- 自尊感受威脅
- 害怕失去心所珍貴的東西
- 人際關係中怕被傷害

想一想：

1. 你遇過這些情景嗎？有沒有產生以上所提及的焦慮反應？
2. 有沒有一些情景令你覺得焦慮，但不在上表？
3. 你可以把感到焦慮的情景寫下，以多了解哪些特定的環境會引發自己的焦慮和不安。

令我感到焦慮的情景：

____

____

____

____

3 焦慮背後的心理特質

假使你有經常性焦慮情緒、焦慮性格，甚至是焦慮症，你的問題背後可能潛藏着一些較深層的心理特質，以致焦慮成為你最大的問題和困擾，影響你最深。這些深藏的心理特質不易發現，通常是不自覺的，在成長過程中漸漸形成。再者，即使你能夠發現和認識這些心理特質，亦不容易一下子改變過來，需要持久努力和懂得運用恰當的方法。引發焦慮的心理特質包括：

(1) 缺乏足夠的安全感

在人的基本心理需要中，安全感至為重要。任何生物，包括人類，處於危險的環境中，其生存機會自然大大減少；為了生存，最原始的動力就是去爭取或確保一個安全的環境。我們的祖先在大自然的環境中要面對很多危險和威脅，不論是大自然的冷酷無情（如嚴寒、風暴、地震、火山爆發等），還是野獸的襲擊，他們都要為保性命而奮鬥，追求安全自然成為他們的心理動力。缺乏安全或遇到危險，恐懼和焦慮是自然不過的反應。

現代文明為我們提供了生存的基本保障，現代人要面對生命威脅的機會當然遠低於古時。然而，現代人卻往往要面對另一種對「安全」的威脅——就是心理上對安全感的威脅！生活在現代複雜多變的社會中，我們在心理上要承受更多的壓力，以致心理上的安全感變成我們的一大挑戰。

在這種情勢下，個人的安全感是否足夠，就成為心理健康的關鍵。安

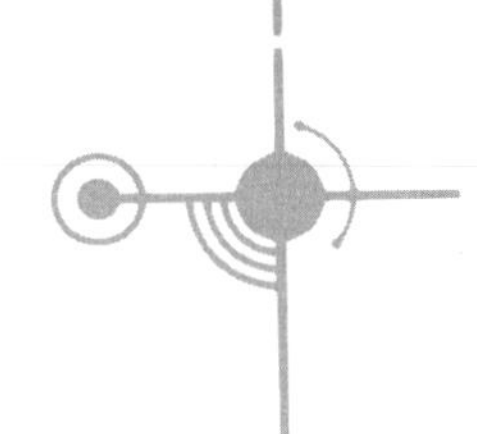

全感是一種心理質素，指個人一種安全、穩妥、自在的主觀感覺。**安全感強的人，自然不易因外在環境轉變而感到焦慮，也不會過分高估危險和威脅。**健康的安全感是自小培養的，假如你的童年充滿不穩定性，例如照顧者轉變或離別、環境不停變遷、父母過分嚴苛或飄忽等，你的安全感就會被削弱，有可能造成日後容易焦慮的原因。(詳見頁 41「焦慮性格與成長經驗」)

(2) 完全控制的慾望

為求增加安全感，很多人漸漸養成一種要完全控制生活環境的慾望，這些人的想法是：「在掌握、控制範圍內的事情，就不會對自己構成威脅和危險，因此我必須盡一切努力，叫生活中一切事情都不會在我的控制範圍之外，這才是最佳保證。」

你可有遇過這種人呢？你自己又可有這種心態和信念呢？試誠實地回答以下問題：

- 你是否凡事都要計劃周詳，確保沒有閃失呢？
- 你會否對意料之外、突發的事非常緊張，甚至大發脾氣或不知所措？
- 你有否覺得別人一定要配合你的計劃，按照你的意思去做，否則就會非常不高興呢？
- 當你的生活秩序被某些事情打亂或耽擱了，會否心煩意亂或非常憤怒呢？

如果你對以上大部分問題的答案都是肯定的話，那你很可能傾向要完全控制環境。有這種傾向的人為了達到目的，往往會花很多精力在掌控環境和生活的安排上。可惜，現實並非一定如我們所願，因此這類人很易感到焦慮和不安，不能放鬆和靈活應變。如果喜歡將責任外諉於人，則會易怒和煩躁；責任心過強的，則會感到內疚和自責。總而言之，過分要求控制，也是焦慮的元兇之一。

(3) 完美主義傾向

第三個造成焦慮的心理源頭就是完美主義的傾向。你可有以下情況？

- 為了達至完美，你幾乎願意付出任何代價去完成手上的工作；
- 你所作的或所經驗的事情，即使帶有些少瑕疵，也不能接受，並感到極度沮喪；
- 你會不斷尋找新資料或修訂已完成的作品，總會找到不妥善或有缺陷的地方。

假使以上的情況正是你的表現，那你有很大機會是傾向完美主義，這也可能是你常感焦慮的原因之一。**焦慮很多時來自壓力，而完美主義中高度的自我要求會帶來極大的壓力，焦慮也變成難免的後果**。完美主義傾向的形成往往與兒時經驗有關，可能是過分重視大人（父母、老師等）的讚賞，以致不惜代價追求十全十美，確保優越感得以維持；漸漸地這種心態成為習慣，進入潛意識中，變成牢不可破的自我要求，使當事人容易處於焦慮和緊張的狀態中。

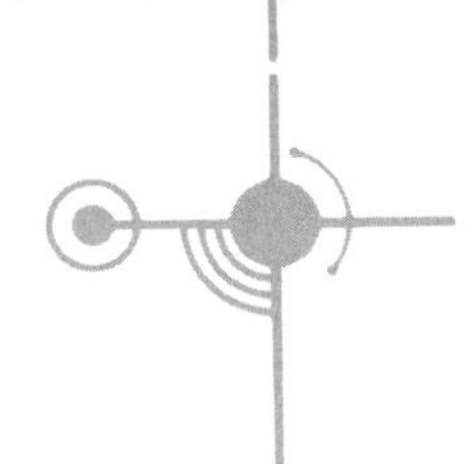

(4) 害怕被人拒絕

很多導致焦慮的處境都是社會性的，直接與人有關。**社交焦慮症是最典型的例子，患者對別人的眼光和態度特別敏感，在社交場合很易感到自己成為別人目光的焦點，或惡意批評譏笑的對象。**很多的焦慮感都有類似性質，例如害怕出醜人前、害怕被人拒絕、害怕別人看不起自己等，這些都是焦慮背後常見的原因。

試回想一下，在你經歷過的焦慮事件中，會想起哪些人？你的焦慮是否與他們直接有關？有否一些深刻難忘的痛苦經驗，例如被人嘲笑、拒絕、惡意批評，使你一直迴避與某些人（甚至大多數人）社交上接觸？假使有，你的焦慮就很可能與害怕被人批評和拒絕有關了。

(5) 悲觀憂慮的習慣

最後一個容易引致焦慮的心理特質，就是悲觀和憂慮未來的習慣，這在悲觀和憂慮型性格的人中最常見。假使你有以下情況，就很可能屬於這類型性格：

- 在不肯定的情況下，你總會預感到最壞的後果；
- 凡事總愛看壞的一面，而忽略事情好的一面；
- 憂慮的思緒總是纏繞你不放，很難放下這些思緒和轉念。

當你滿腦子都是憂慮和悲觀想法時，自然難免焦慮和不安，彷彿威脅

和危險已經迫在眼前，無法逃避。

悲觀和憂慮的個性，有部分是天生，與遺傳因子有關；有部分是後天養成的，如悲觀憂慮型的父母較易培養出同類型的小朋友；而缺乏安全穩妥的成長環境也可造成這類型性格。有關這點，下一部分將詳細討論。

以上五種心理特質和個性，都是長久焦慮問題的元兇，你可檢視一下自己有哪些心理特質，以及它們與你的焦慮問題之關係。若你想改善自己的焦慮問題，要從根本入手，改變這些心理特質，才是最徹底有效的方法。

4 焦慮性格與成長經驗

你認為你的焦慮反應與自己的性格是否有一定關係呢？有些人的情緒比較穩定，不易波動，較易活得輕鬆自在。有些人很易緊張，為小事也憂慮不已，常常覺得壓力很大，不能放鬆。這些分別都是源自不同的性格。根據心理學的研究，性格約有一半是天生的，與遺傳因子有關，例如在單細胞孿生子的研究中發現，這些孿生子的性格相對於雙細胞孿生子來說，有更多相似的地方，可見遺傳因素的重要。因此情緒的穩定性約有一半是遺傳的，與環境無關。有些嬰孩剛出生已較難照顧，易哭易鬧；有些嬰孩則較易適應環境，性情較溫和及較易滿足。**既然焦慮性格有部分是與生俱來的，我們就應學習儘量了解和接受自己。**

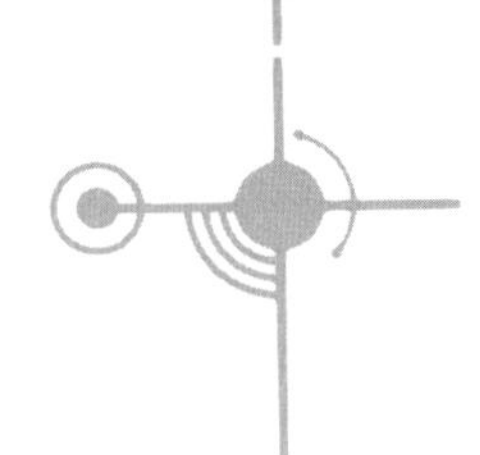

另一半影響性格的因素是後天環境和經驗。某些家庭和學校環境容易產生焦慮型性格的孩子，你可細心回憶一下，以下一些常見的成長故事可會是你的親身體驗：

(1) 過嚴的家規

研究家庭的理論和家庭治療（Family Therapy）告訴我們，每個家庭都有一些不成文的「家規」(family rules)，作為家庭成員的行為規範。這些家規大多由父母自覺或不自覺定下，是孩子社教化（socialization）過程中重要的部分，讓孩子知道哪些行為可以做、應該做，哪些行為不可做、不應該做，這也是我們成長過程道德規範的藍本。

假如你家庭定的家規過嚴、過多、過於死板，在成長中你會經常聽到父母說這個不可以做，那個有危險，過分的呵護可能會令你失去勇氣去嘗試和冒險，漸漸形成懦弱怕事的性格。

(2) 要求過高的父母

在心理治療的經驗中，我們遇見很多有焦慮問題的朋友，他們的父母都是要求極高的人，在兒時對他們抱極高的期望或嚴格的要求。他們若想獲取父母的認可和讚賞，必須很努力去達到父母的要求；反之，若達不到父母要求，就會受到批評和責罰。你的父母對你的要求是否很高呢？是否超過了合理的水平？例如，他們有否要求你超越所有人的表現（如讀書要名列前茅），或表現得比你實際的年齡早熟呢？

假如你童年時將討父母歡心作為最重要的事，而父母正是以上所指的類型，那你的焦慮問題很可能源於要討好父母意願的心態，你的恐懼源於害怕父母失望或責罰，成為內心無形壓力的源頭。

(3) 焦慮型父母的身教

我們的行為模式很大程度上是從父母身上學習得來的，模仿(modeling)是學習的重要一環，包括模仿父母的思維、心態、情緒反應、行為、人際相處等。當然，我們與父母相似的地方，也有可能是受遺傳因素所影響。假如你的父母屬於焦慮型的「緊張大師」，他們的表現自然就會成為你的身教，你會在不知不覺中受他們的慣性情緒表現感染，模仿他們緊張的性格，自己也成了「緊張大師」。這可能是另一種造成焦慮的家庭經驗。

(4) 太注重成績和評估的教育

除了家庭，學校相信是影響我們成長的第二大環境。我們的社會以競爭文化見稱。這種競爭文化由幼稚園、小學開始，香港學生讀書考試壓力之大，不用我們多說。當父母和老師過分注重學業成績時，你要承受的壓力真不少！假使你憑着天分和努力，成績一向名列前茅，更要誠惶誠恐地確保你的名次和地位不變。若你是這樣成長過來，你的焦慮指數又要「加分」了。

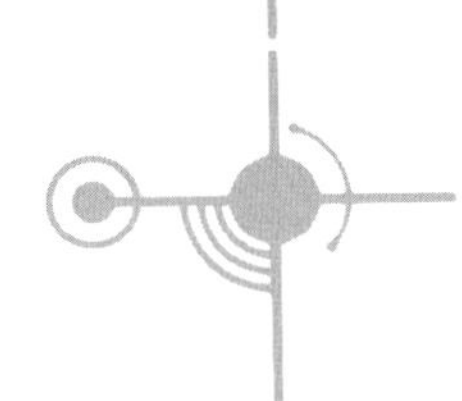

(5) 變幻無常的成長環境

有些焦慮的朋友自小就缺乏一個穩定的家庭環境，可能因為父母離異、病重甚至離世、工作時間過長、或不斷經由不同親友照顧等緣故，**他們在成長中沒有穩定的照顧和保護，以致心理上極缺乏安全感，內心恐懼不可知的未來**。如果你不幸地是這樣成長的話，你可能對轉變特別敏感，特別渴求可以完全掌控環境，以策萬全，但這種心態必會為你帶來額外的壓力和焦慮。在我們的臨牀經驗中，這種情況並不罕見，可見安全穩妥的關係和環境對個人成長多麼重要。

假如你在上述環境長大，你的焦慮問題很可能與成長經驗有關；但不用過分擔心，只要你願意努力嘗試，按本書的方法多加練習，自然可減少甚至改變焦慮的情況。

討論區

無法完美

少聰的父母都是專業人士，父親是醫生，母親是教師，對家中獨子自然期望甚殷。少聰自小就被悉心栽培，父母一早安排他入讀最優秀的幼稚園，然後是一條龍的直資名校；又為他安排不同科目的名師補習，小四就參加海外學生交流團，擴闊視野。這一切的安排似乎非常奏效，少聰聰敏過人，成績名列前茅。他對自己亦要求甚高，期望自己近乎完美。可惜這一切都在他中二因一場大病改變過來。那年他不幸染上嚴重肺炎，休學兩個月，復課後少聰的表現明顯跟不上進度，成績下滑，少聰完全不能接受這個打擊。但他愈想追回落後的名次，就愈感到恐慌，甚至對自己完全失去自信，焦慮症狀如心跳、失眠等開始出現，令他非常困擾。那時少聰的父母雖然都很體諒和支持，但少聰自幼要求完美的個性令他不能接受事實，思想鑽牛角尖，造成惡性循環。結果少聰患上了焦慮症，甚至對上學產生恐懼，需接受長期的心理治療。

想一想：

1. **你認為少聰患上焦慮症與他的家庭背景有關嗎？**
2. **你認為少聰有哪些容易導致焦慮的性格呢？**

5 焦慮流行的社會環境

話你知

社會環境和情緒的關係

人的情緒和周遭的環境息息相關，焦慮程度會受經濟氣候、就業率和社會文化影響。有研究顯示，東西德兩國統一後，東德受焦慮問題困擾的人口達 16.3%，是西德的兩倍（7%）。這兩個地區最顯著的分別是由於政局變化，東德人民生活情況混亂、前景不明朗；西德人民沒有這種困擾，因此焦慮指數也較低。

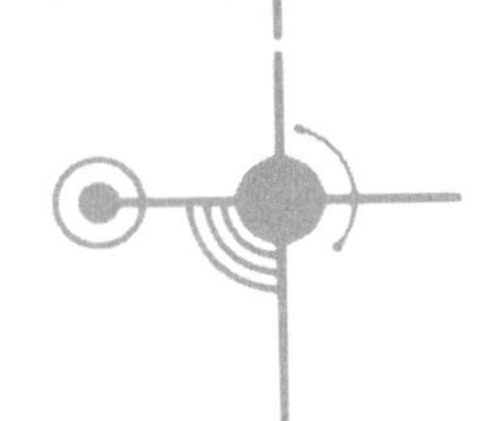

為什麼焦慮會在現代社會中像流行性感冒一樣普遍呢？你又有否想過自己的焦慮問題是與社會大環境有關呢？我們在現代社會中，要面對愈來愈多的壓力和威脅，這也是造成焦慮這「流行病」的一大原因。如果不明白這點，就很難全面了解你的焦慮來源。

事實上，焦慮的問題很多時會受到社會文化轉變影響。十九世紀時，有焦慮症的大都是婦女，她們會突然昏厥，正好符合當時「女子都是弱不禁風」的普遍印象。進入廿一世紀，人類的科技一日千里，人們的生活似乎愈來愈舒適；但同時我們亦要面對前所未有的挑戰和壓力，焦慮症的數字不降反升，主要有以下七種社會因素：

(1) 人的慾望不斷提升

隨着社會進步，我們對生活的期望和要求亦不斷增加。以前的社會比較簡樸，很少奢望優厚的物質條件或舒適的生活，刻苦耐勞是當時不少人的座右銘。但現代社會鼓吹享受和優質生活，商業廣告不斷推銷，擴大了我們的慾望胃口，因此對生活的要求自然有所提高。但現實中，並非每個人都幸運地或有能力達到這些要求，理想與現實的差距會造成心理上的壓力。

(2) 競爭與比較白熱化

隨着科技進步、資訊爆炸，地球村內，各國關係愈來愈緊密。我們每天都可以透過互聯網和傳媒接觸到世界各個角落的各種資訊，導致我們要面對的競爭和比較也變得世界性。這點在商業社會最明顯不過，以前一間公司的競爭對手可能只是同一條街上的同類型店舖；但現在的對手隨時是來自世界不同地區，可以是印度某地方的信息工程師，或是中國南方的外資工廠，可見要面對的挑戰和壓力是倍增了。

同樣，以前的通訊簡陋，資訊不似現在發達，你要作比較的可能只是身邊的親友。現代社會，你很容易接觸到其他生活圈子，不論是透過傳媒或是直接的經驗，你更容易將自己與人比較，低下階層與中產人士比較，中下層的與中上層的比較，中上層則與上流社會人士比較。這些形形式式的比較，很多時會叫人心裏不舒服，形成一種無形的壓力，令人不安和焦慮。

(3) 工作環境的變遷

不少調查都發現，工作壓力正成為現代人最主要的壓力來源。事實上，上個世紀的工作環境和性質以驚人速度轉變。以前，員工可以在同一間機構，用同一種技能組合去擔當同一類工作，直至退休為止。但現在這種情況幾乎已變成天方夜譚。今天的工作環境為工作帶來更多變數，更大壓力：

- 現在的工種大多要求員工具備多種技能，而且還要不斷進修學習，追上最新的技術和水平。
- 在資源增值和白熱化的競爭下，員工往往被要求提升個人的生產力和競爭力，要兼顧的層面和任務變得愈來愈多。

- 現時員工的工作時間愈來愈長，要完成的工作愈來愈複雜、愈來愈多。員工比以往更難在工作和私人生活之間（包括家庭、朋友、餘暇、嗜好、學習等）取得平衡。長時間的工作失衡，造成更大的精神壓力，而員工可用來補充自己精神資源力量的機會卻相應減少。
- 在多變和功利的社會裏，工作的安全感和保障差不多盪然無存，公司不斷改組、合併，合約和臨時性質的工種愈來愈普遍，機構對員工的承擔減少。個人只是整個組織很微小的部分，好像一口螺絲，隨時可以被替換。失業或就業不足的威脅叫人不安與焦慮，也是壓力的主要來源。

(4) 貧富懸殊和階級問題

貧富懸殊問題急劇惡化，已成為發達地區面臨最大的挑戰之一。社會經濟模式轉型，在失業和通脹的威脅下，低下階層人士面對前所未有的壓力。他們不但不能享受經濟發達的成果，改變經濟環境的機會也不如以往多，與社會其他階層人士的差距愈來愈遠，生活壓力愈來愈大，成為社會中最被忽略和邊緣化的一羣。這些都會令處身其中的人感到壓力和焦慮。

(5) 家庭結構受衝擊

在功利和自我主義膨脹的社會，家庭的結構和關係難免受到重大衝擊和挑戰。根據統計處的資料，本港的離婚數字在 25 年間增加 8 倍，單親家庭的數目在 10 年間增加了 1.35 倍，家庭暴力的數字不斷攀升。即使是正常的家庭，當中大部分亦因受到社會現實環境的各種衝擊，導致成員間關係疏離。缺少了家庭這個主要支柱，很多人都沒有力量面對生活上的壓力。

(6) 加速度症候羣現象

科技帶給人類社會的好處有目共睹，但同時亦大大提升了時間緊迫的意識，學者 Russell 稱這個時代持續加快的步伐為「加速度症候羣」(Acceleration Syndrome)。每件事情都變得愈來愈快，以往要花上幾個月的信息傳遞，現在只消幾秒鐘就完成，連飲食也不過是一頓微波爐的即食餐。在這種事事講求速度和效率的情況下，我們被時間這頭「怪獸」不斷催迫，壓力也愈來愈大。

(7) 個人主義冒起

傳統社會有清晰明確的主流價值觀和信念，成為大多數人的生活方針和基石，是非黑白分明的好處，是個人不需要為每個決定取向而苦惱(當然亦有其弊處)。然而，現代社會倡導的是多元文化和個人主義，傳統思想的指導消失，意味着更大的自主和自由，同時亦代表更多的不穩定和變數。人生多變，缺少了核心價值的支持，我們自然要承受更多無形壓力。

壓力與焦慮

我們常聽到將壓力與焦慮相提並論的說法，到底焦慮與壓力之間有什麼關係呢？

研究壓力的心理學說顯示，壓力不單來自我們的外在環境，亦來自我們對事情的主觀理解或評估。每當我們遇上困境或難題，都會不自覺地對事情作出初步評估。一般來說，我們會把事情定性為無關痛癢的、正面的，或把事情理解為威脅、傷害、挑戰等壓力源頭。當我們把事情評定為威脅、傷害或挑戰時，我們的腦袋便會進行第二階段的評估，檢視自己的應付能力或掌控結果的能力，從而作出適當的行為反應。

壓力就在這個過程中產生。假使我們把事情理解為一個難題或危機，但又認為事情在自己的能力範圍以內，便會產生正面的壓力（eustress），準備好去為問題作出反擊或回應。相反，當我們認為應付事情所需的能力遠超自己所有的，在「供不應求」的情況下，負面的壓力（distress）便會出現。因為對掌握結果毫無把握，焦慮情緒亦由此而生。

古語有云：「水能載舟，亦能覆舟。」正面的壓力是我們的動力來源，使我們進入作戰狀態，做出更好的成績；相反，負面的壓力令我們六神無主、驚惶失措，最後影響表現。

6 結語

焦慮是面對威脅或危險時自然的情緒反應，它可以是一種正面的推動力，幫助你積極為面前的困難尋找解決之道。在適當的時候也不懂得焦慮的人，往往錯失了及早處理問題的時機，以致往後很可能要面對更大的危機與問題。因此，正常的焦慮反應是你的朋友，並非敵人，只有不正常或不健康的焦慮反應才是你的「敵人」或「絆腳石」。當然，過分或嚴重的焦慮會變成焦慮症，大大影響你的生活質素和身心健康。這就是第二章和第三章要討論的問題。

參考資料

Cannon, W. B.(1932). *The Wisdom of the Body.* New York: Norton.

Greenberg, L., & Paivio, S.(1997). *Working with Emotions in Psychotherapy.* New York: Guilford Press.

Matheny, K. B., & McCarthy, C. J.(2000). *Write Your Own Prescription for Stress.* Oakland, CA: New Harbinger Publications, Inc.

Plutchik, R.(1962). *The Emotions: Facts, Theories, and a New Model.* New York: Random House.

Russell, J. A.(1980). A circumplex model affect. *Journal of Personality and Social Psychology,* 39, 6, 1161-1178.

Selye, H.(1974). *Stress without Distress.* Philadelphia: J. B. Lippincott.

Spradlin, S. E.(2003). *Don't Let Your Emotions Run Your Life: How Dialectical Behavior Therapy Can Put You in Control.* Oakland, CA: New Harbinger Publications, Inc.

政府統計處（2007），「一九八一年至二零零六年香港的結婚及離婚趨勢」。

第二章　焦慮症的成因

生命中並沒有值得恐懼的事，它們只是有待被了解。

——科學家

居禮夫人（Marie Curie）

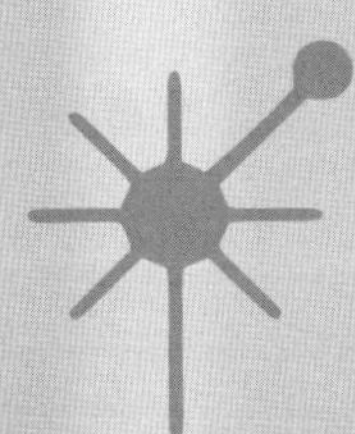

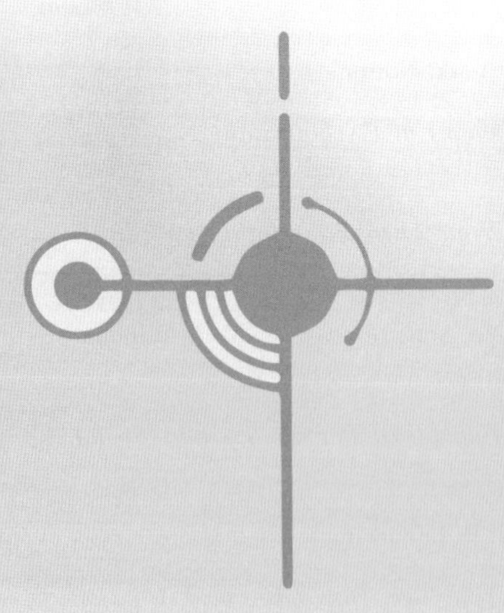

1 什麼時候焦慮會成「症」呢？

焦慮的情緒雖然普遍，但會否造成困擾，要視乎引致焦慮的情況和焦慮造成的影響而定。若要將正常的焦慮和不正常或病態的焦慮作出比較，可參見下表：

正常的焦慮	不正常（病態）的焦慮
遇到危險或壓力事件時的反應	在沒有明顯客觀的危險或壓力的情況下之反應
焦慮的程度與實際情況相符	焦慮的程度明顯與實際情況不符，嚴重得多
經過一段時間後，焦慮減退，心情回復正常	經過一段時間後，焦慮情況依然沒有減退
當事人用正面、建設性的方法處理焦慮	當事人用負面、破壞性的方法處理焦慮
焦慮沒有嚴重影響當事人各方面的生活	焦慮問題嚴重地影響當事人各方面的生活，造成負面結果

從另一個角度去思考，焦慮問題是否嚴重或不正常，與下述條件相關：

引發點：引發焦慮的事情是否真的值得擔心

深度：焦慮的嚴重程度

長度：焦慮維持多久

闊度：焦慮是否帶來多方面的影響

明顯屬於病態或不正常的焦慮，造成的嚴重影響包括：

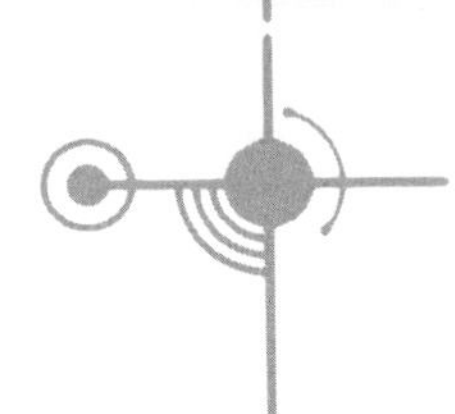

- 失去工作能力；
- 引發嚴重的身體毛病，例如胃潰瘍、偏頭痛等；
- 造成人際關係上的嚴重障礙，如社交恐懼；
- 造成極大壓力，甚至產生抑鬱和自殺的念頭；
- 造成靈性枯竭，失去人生意義和方向。

你可細閱以下清單，看看自己的情況會否超出一般正常的焦慮。過度焦慮的人會：

- 對事情過於敏感
- 為瑣事煩惱不已
- 難於放鬆自己
- 經常神經緊張
- 憂慮於腦海纏擾，揮之不去
- 擔憂並逃避一些令自己恐懼或出醜的場合
- 持續於焦慮情況中出現以下過度反應：
    - 身體顫抖，甚至發軟
    - 呼吸困難
    - 無故感到害怕
    - 驚惶失措、忐忑不安
    - 心跳或心律不正常
    - 感到恐慌，害怕可怕事情發生
    - 極度焦慮，希望立即離開該情況

如前所述，當你發現自己過度焦慮時，你當然可以嘗試本書為你介紹的自助方法。若你的情況持續，最好還是約見專業人士如精神科醫生或臨牀心理學家作臨牀診斷及治療。

2 焦慮症的成因

討論區

高材生

洛明生長在一個小康之家，父親是公務員，母親是教師，她是長女，有兩個弟妹。自小父母就對洛明期望極高，嚴格督促她讀書溫習，又為她安排不同科目的補習課。結果洛明不負厚望，每年都名列前茅，優異成績成為她取得別人注意的主要途徑。到了中五那年，洛明面對會考，卻感到壓力很大，生怕會考失敗令父母、老師以及同學的期望徹底落空。面對這重要關頭，洛明早於開考半年前便花很多時間溫習，每天只睡數小時，停止一切娛樂活動。她本以為這樣可令自己準備得更好，卻發現經常擔心不已，出現失眠和胃痛等症狀，連記憶力和集中力也大受影響。最終洛明考獲的成績與理想相差甚遠，雖然母校勉強讓她原校升讀中六，但她自此變得鬱鬱不歡，鬥志消沉。

想一想：

1.　你認為洛明是否已患上焦慮症呢？

2.　她的焦慮問題始於何時？成因為何？

當你嘗試回答以上問題時，你已經探索了一遍焦慮症的遠因和近因，以及令問題持續的因素。以下我們會為你逐一介紹焦慮症的各種成因。常見的因素可按其性質分為下列三類：潛伏因素、引發因素、持續因素。

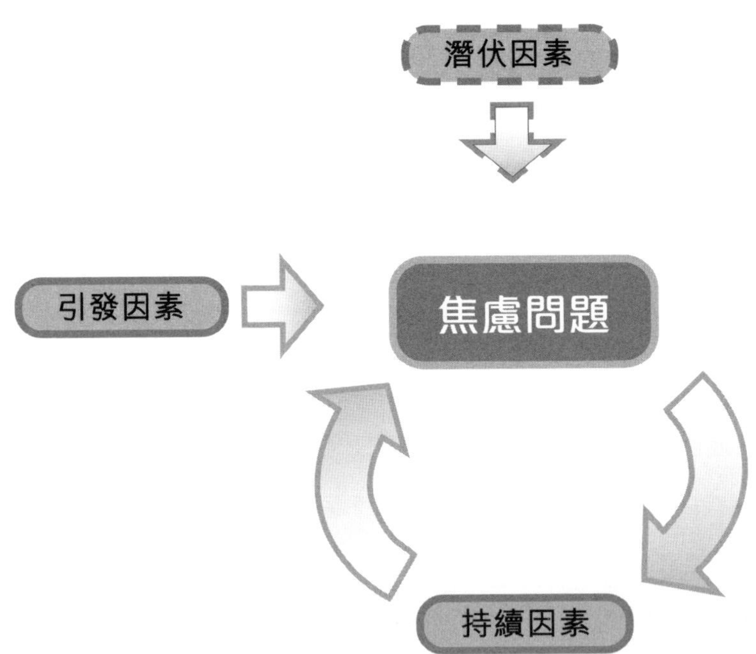

2.1 潛伏因素

潛伏因素在焦慮症病發前一段較長時間已經存在，它會增加焦慮症病發的風險。請留意，某個潛伏因素存在並不代表焦慮症必然會發作。以下是不同的潛伏因素。

(1) 先天因素

焦慮症會遺傳嗎？中國人常說「有其父必有其子」、「虎父無犬子」。從母親體內卵子受精一刻，我們便繼承了父母的獨特基因，每個細胞都有一個遺傳下來的基因程式。我們從一個細胞慢慢分裂出來，逐漸長大成為一個完整的人。科學界以孿生兒作為研究遺傳因素的方法，結果發現 100% 基因相同的孿生兒，假如其中一個患焦慮症，另一個患有焦慮症的機會是 30% 至 80%，比一般人高至少 3 倍。

焦慮症的遺傳影響，並非指患者直接從父母身上遺傳了焦慮症，而是遺傳了較易引發焦慮症的脾性（temperament）。從嬰兒呱呱落地一刻起就不難發現，每個嬰兒生下來都有自己的脾性。有些開朗寶寶很喜歡笑、有些好奇寶寶愛探索世界、有些焦慮寶寶總是「驚驚青青」……未受後天經驗熏陶的嬰兒像白紙一張，卻各有自己的脾性。

不同的脾性從何而來呢？其中一個解釋是生理結構的不同。你焦慮時第一個反應是什麼？心跳加速？呼吸加快？汗流浹背？面紅耳赤？又或是你屬於冷靜型、很少感到焦躁？其實，每個人對焦慮的反應和程度都不相同，取決於我們生理結構中的腦神經及荷爾蒙分泌系統。研究發現，這些

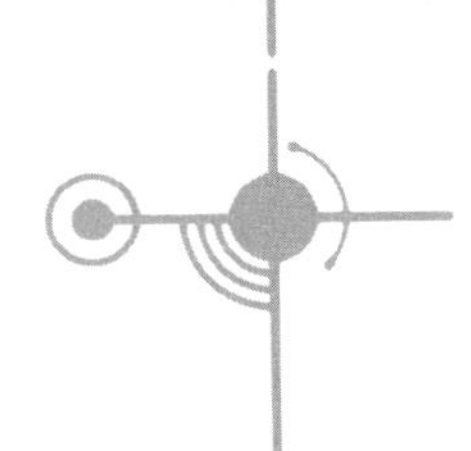

系統過分敏感、性情較焦躁的人，會比一般人更易出現焦慮和壓力問題。

縱使先天因素增加患上焦慮症的機會，但不表示由此而生的焦慮症不能治愈。研究指出腦部神經介質羥色胺（serotonin，又名血清素）有助情緒健康，某些人天生較少羥色胺，患上焦慮症、抑鬱症等情緒病的機會較大，這不代表他們天生就要受情緒困擾，只要病人有決心和願意努力，配合適當的治療，就能左右病情的好壞。

(2) 成長背景

學習過程自出生那天已經開始，我們透過發生在自己身上的事情及觀察周圍發生的一切，不期然學習獨特的行為及思想模式。對於一個小孩子來說，沒有東西比家庭和學校的影響更大。若你的父母容易緊張，終日坐立不安，每樣事情都擔心一場、又經常勸告你要凡事小心；久而久之，你可能會受他們的言行影響，對自己和環境都缺乏信心。一些焦慮症患者告訴我們，父母屬於嚴厲型，哪怕他們只做錯了很小的事，父母都會嚴加斥責，甚至毒打，令他們從小便提心吊膽，事事謹慎，以防受罰；慢慢發展成擔心每件小事都會有危險，擔心自己應付不來。這樣的人成長後很容易焦慮，遇到小事也擔憂不已，甚至會因缺乏自信而逃避應有的責任，以致表現欠佳，令焦慮問題惡化。（詳參頁 41 第一章「焦慮性格與成長經驗」）

討論區

失手

明宇就讀小學五年級，一向成績優異，今年要考升中呈分試。但他由下學期開始，便十分擔心自己的表現，考試前一星期更夜夜失眠。因為太緊張，他考數學科時，每題都要驗算四五次才安心，結果有四分一的試卷完成不了。試後明宇忍不住痛哭起來，需要老師從旁安慰。

從小明宇的父母就非常重視他的學業成績，要求很嚴格；自幼稚園就要他上不同科目的補習課，不停地操練模擬試題。在升中呈分試臨近時，明宇父母不斷向明宇強調這次考試何等重要，會怎樣影響他的前途，囑咐他一定要全力以赴。

想一想：

1. **你認為明宇為何會在考試時表現失準？**
2. **明宇父母的態度和做法會對明宇的成長造成什麼影響呢？**

(3) 生活壓力

你小時候有沒有射過橡皮圈？可有試過強行用力，被扯斷了的橡皮圈回彈弄痛自己？每個人面對壓力時，就像一根被拉扯的橡皮圈。我們每日都會面對不同的事情，每件事都有可能成為壓力源，常見的壓力有轉換工

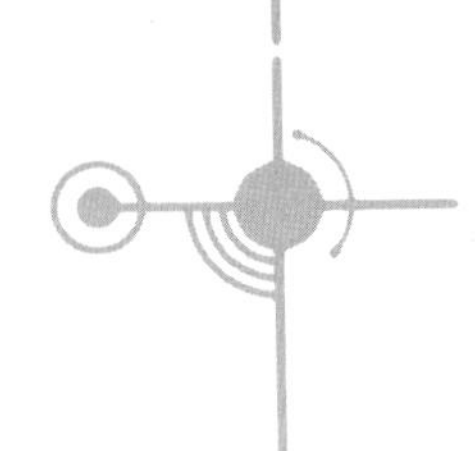

作、經濟問題、人際關係問題等。就算是一些「開心」的事諸如結婚、升職等，都會因要計劃和處理而構成壓力。

當人受壓時，會坐立不安、擔憂緊張或睡不安寧。當壓力源頭未消解而一再積累時，人就會愈來愈緊張，好像被拉得很緊的橡皮圈，處於敏感狀態，再小的事也可以帶來很大的反應。**每個人承受壓力都有限度，就像橡皮圈不能被無止境地拖拉，否則終有一天會倒下來。**所以，我們要知道自己的限制所在。

2.2 引發因素

引發因素和潛伏因素不同，往往在焦慮症病發前一段短時間內才出現。若你不知自己的焦慮問題何時何故出現，可試問自己：「焦慮症病發前一段時間，生活或環境中有否出現一些較大的轉變？」很多時只要你細心一想，就不難發現引發焦慮症的一些事情或轉變。只要好好了解該轉變對自己的影響，然後加以適當處理，焦慮問題就可以迎刃而解。以下為你介紹一些常見的引發因素。

(1) 重大的人生轉變

「知否世事常變，變幻原是永恒。」這是香港家傳戶曉的金曲歌詞。人一生中經歷不同的事情，少時面對學業壓力，其後投身工作，一方面經歷工作和經濟的壓力，另方面開始組織家庭。年紀漸長，更要學會面對健康、親友離世等問題。**人生充滿高低起跌，有喜有悲，原是令生活更多姿多采，但過程中需要我們不斷自我調節適應。**如遇上重大轉變，一向的生活模式很容易被打亂陣腳，一時間失去穩定性和安全感，焦慮症就可能趁機偷襲。

(2) 突發意外事件

突發意外是一種重大的人生轉變。翻開報章，我們不難發現每日都有不同程度的意外，較常見的有交通意外、火災、侵犯襲擊事件等，較大規模的有天災（如地震、海嘯、颱風）、恐怖襲擊（如九一一、炸彈襲擊）等。這些事件都有一些共通點：

- 非一般人的普遍經歷；
- 當事人於短時間內經歷巨大的情緒反應，如強烈恐懼和慌亂；
- 當事人感到自己或他人處於生死關頭。

經歷這類危險事件的人，很容易將自己的焦慮和恐懼跟意外情景中的事物連結，心理學稱之為條件作用（conditioning）。舉例說，一個曾在雨中發生車禍的病人，每當在下雨天駕車或行經肇事現場時，都會感到不安及焦慮。其實下雨天和肇事路段本身沒有令人恐懼的能力，但透過意外過程中的連結，這些事物會引起焦慮反應。除情緒反應外，經歷意外或災難的人常會出現觀念上的改變，如感到生命脆弱、對生活失去安全感、對未來感到不可掌握，甚至失去希望。

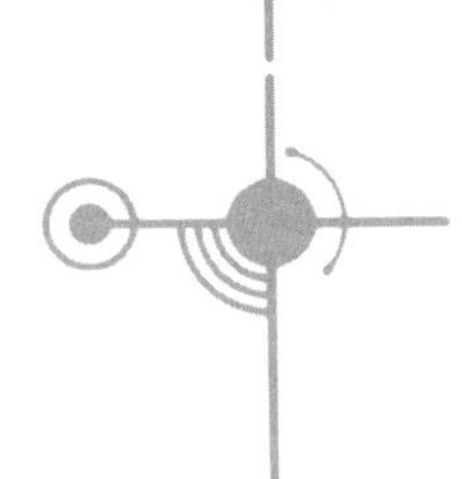

(3) 藥物或病變影響

除上述心理及環境因素外，當然不能忽略一些生理變化，如受藥物或病變影響，都有可能導致或加劇焦慮症狀。常見和焦慮症狀有關的生理問題包括甲狀腺機能亢進、出現於女性的經期前反應綜合症、腦震盪後遺症、原發性高血壓、或受某些物質如安非他命、可卡因或咖啡因所引起的反應等。值得注意的是：並非所有有以上生理問題的人都同時出現焦慮問題。當然，遇有疑問，最好是請教醫生，找出問題根源。

高處不勝寒

德衡自從八個月前升職後，就覺得健康大不如前。他經常失眠，開會時不能集中精神，有好幾次還差點被下屬發現自己心不在焉。最近在一個重要客戶的簡介會前，他更不停腹瀉，結果要同事頂上，給客人介紹新產品。德衡對自己的表現感到沮喪，難得自己由窮小子爬上今日的高位，不明白為何身體如此不爭氣。他有時更覺得，身體和腦袋好像不再屬於自己，不聽使喚。

想一想：

你覺得德衡焦慮問題的引發點是什麼？他焦慮的問題有多深、多長、多闊？

2.3 持續因素

假如我們懂得運用適當的方法去應付焦慮，問題便應得到解決。可惜很多人都沒有正視自己的焦慮，甚至採取一些不恰當的方法，導致惡性循環，令問題持續，甚至加深。以下是一些常見的持續因素（另外可參考頁101第四章「應付焦慮的錯誤方法」）：

（1）逃避

人感到焦慮時經常會做的事情包括：

- 未接觸問題前會想盡辦法逃避；
- 面對問題時嘗試逃走；
- 尋找能給予安全的人、地方或事物。

這些焦慮反應都與上文提到的條件作用有關。**早於 1960 年，行為學派的心理學家 Mowrer 發表了「二因素學習理論」（Two-factor Learning Theory）**，闡述條件作用與焦慮問題的引發及持續關係。該理論認為，動物或人類首先經由經典條件反射（classical conditioning）而習得恐懼，這是第一個歷程，情況就像上一節形容車禍後對某些事物產生恐懼的受害者一樣；經過第一個歷程，第二個歷程是操作性條件反射（operant conditioning），即人的行為會因行為的後果而增加或減少，例如有些小孩子努力溫習（行為），然後獲得好成績（正面後果），以後便會更努力讀書（行為增加）；亂拋垃圾（行為）會遭檢控和罰款（負面後果），於是以後便

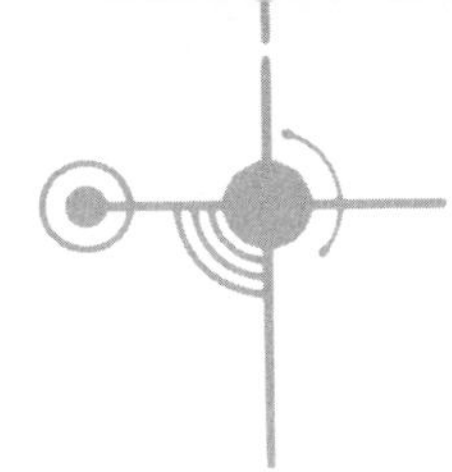

不再亂拋垃圾（行為減少）。

焦慮時不論是逃避或逃走，都能叫人立刻遠離恐懼，得到即時放鬆。在操作性條件反射中，焦慮的減低（正面後果）令我們迅速學習到這種逃避或逃走行為的好處。可是，當我們習慣每當焦慮時都逃避，遇到恐懼事情時就更感束手無策，更加焦慮，逃避的傾向便會不斷增加，造成惡性循環。由此可見，逃避或逃走行為是令焦慮持續及惡化的一大元兇。

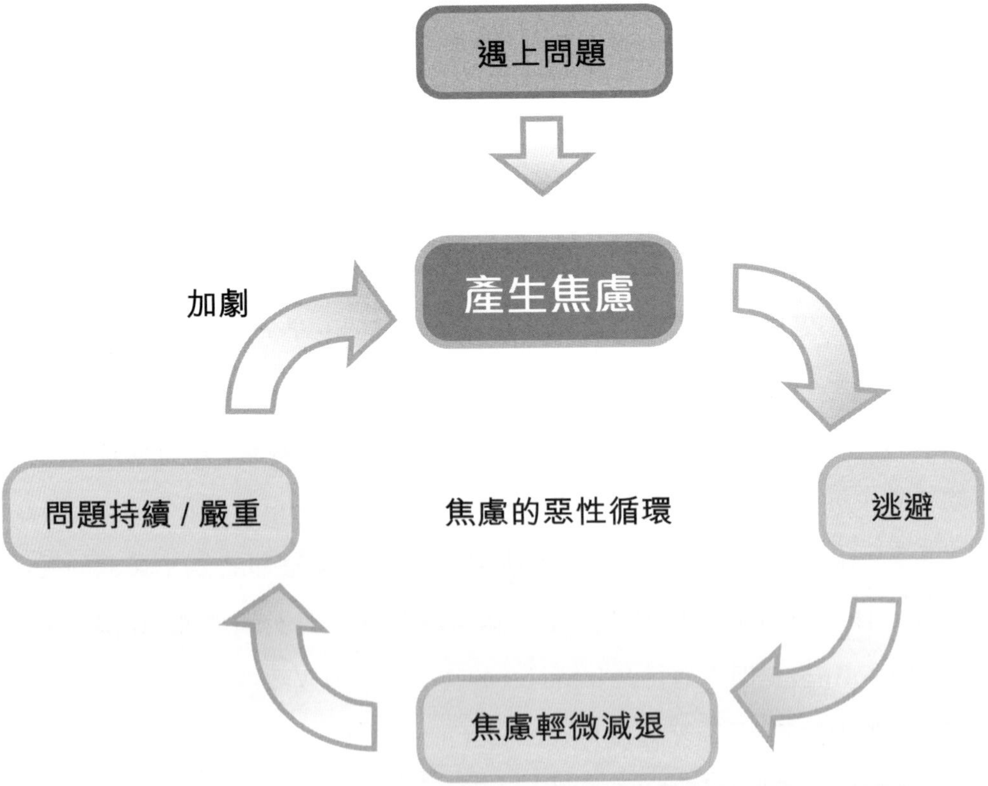

遇上問題

產生焦慮

加劇

逃避

焦慮的惡性循環

問題持續 / 嚴重

焦慮輕微減退

（2）加深焦慮的思想模式

焦慮的人往往對問題抱一套獨特的想法，可概括分成兩大類：

問題嚴重化：將一般問題看得特別嚴重及危險

自我渺小化：認為當問題發生時，自己一定應付不來

明顯地，有這類思想模式的人，情緒上會較其他人容易緊張，面對恐懼時會較其他人更易選擇逃避，令問題得不到解決；然後進一步確定事情的嚴重性及自己的無能，焦慮思想模式更根深蒂固，令焦慮問題持續及惡化。

（3）錯誤的策略

很多人都有玩「二人三足」的經驗，若兩人各自拔足快跑，不跌倒才怪。面對焦慮，就像跟焦慮跑二人三足，起初要慢慢調節，取得默契後才加快速度；面對問題，焦慮的人一般會較平靜的人心急。所謂「欲速則不達」，想以最短時間跑到終點、解決問題，卻沒有想清楚可行的解決方法，到頭來只會原地踏步，甚至弄得焦頭爛額。

討論區

安全不再

彥行一向是個樂觀好動的青年，公餘喜歡約朋友一起活動。他的生活本來很正常，但被一次打擊改變了。約半年前一個晚上，他在回家途中一條偏僻路上被兩個匪徒搶劫。他為保財物，在掙扎中被刺傷小腹及腿部，需留院兩星期才漸漸康復過來。雖然身體康復，但他內心的恐懼仍是揮之不去。事後，彥行經常留意與罪案有關的新聞，覺得社會的治安愈來愈差，感到上街也不大安全，害怕會再遇襲擊。漸漸地，彥行減少了社交活動，覺得家裏最安全，對周圍事物的興趣大減。家人和朋友也察覺到彥行的改變，卻找不到勸解的方法，只好建議他尋求專業治療。

想一想：

你認為彥行是否患有焦慮症？引發因素是什麼？持續因素又是什麼呢？

(4) 欠缺均衡生活

我們要有均衡生活，包括健康的人際關係、穩定的工作，以及適當的興趣和娛樂。雖然家庭、友誼、工作都會有起跌的時候，並非完全掌握在你手。不過，遇到壓力時，儘量維持有規律的生活和輕鬆的活動，無疑能增強我們抗壓的能力。假如欠缺輕鬆愉快的活動，你只會過分集中於問題上，情緒緊張得不到休息之餘，更會「鑽牛角尖」。相反，輕鬆的活動除了令精神和身體放鬆之外，活動的過程更可以讓你對人生及現實有另一番體會。

你的生活均衡嗎？

工作不是人生的惟一，每一個人都需要與家人相聚、交友和休憩。試給以下的項目打分，你可選擇 0 至 100 任何一個分數，以反映你願意花多少時間在那種事情上。願意花很多時間的是 100 分，不願花時間的是 0 分。

項目	分數
家庭生活	
工作 / 事業	
金錢	
健康	
做義工 / 幫助別人	
娛樂	
宗教信仰	
興趣	
子女	
學習新事物	
其他	

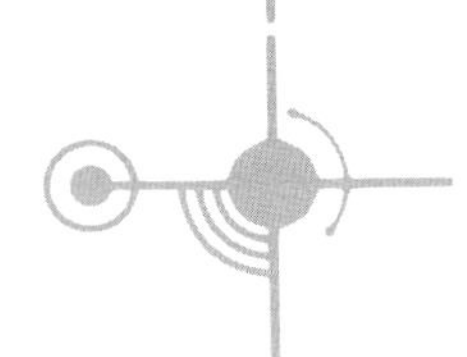

請粗略估計一下你每週的時間分配：

活動	時間	活動	時間
看電視	小時		小時
和家人傾談	小時		小時
與朋友相聚	小時		小時
做家務	小時		小時
上網	小時		小時
上班	小時		小時

你發現自己看重的是什麼？怎樣才可有一個均衡的生活模式呢？

可能你會驚訝地發現，自己用了這麼多時間看電視和上網，卻分配這麼少時間給家人和朋友。今後，你可以多留意自己如何運用時間，提醒自己要過比較均衡的生活。

(5) 缺乏社交支援

馬戲班中常有「行鋼線」和「空中飛人」的環節，除非表演者視死如歸，不然台下一定會架起一個安全網。社交支援就像人生中的安全網，它不單給予我們安全感，更能於跌倒時支撐我們，就像上一代經常提及生活中左鄰右里守望相助的情景。雖然現今社會發展迅速，但人始終不能否認自己是羣體動物，尤其在遇上問題時，人際間的支援（實質如金錢或其他生活必需品，非實質如寶貴的意見或情緒上的支持）就顯得十分重要。欠缺社交支援的人會缺乏安全和穩定的感覺，令焦慮加劇；缺乏別人幫忙，問題亦會持續。

話你知

請勿觸摸？

第二次世界大戰後，歐洲出現大量孤兒，他們被安排入住大型孤兒院。由於孤兒太多，護士剛餵飽他們，又要立刻替他們換尿布。這樣一輪接一輪的工作，令工作人員沒有喘息機會，更不用說去撫摸一下寶寶了。孤兒院提供了安穩的環境、充足的食物和水，但仍有大量孤兒離奇死亡。經學者追查，發現這些嬰兒的死因竟是缺乏別人的觸摸！

其後心理學家 Tiffany Field 更發現，那些定期接受按摩的嬰兒會比很少接受按摩的嬰兒重，他們的壓力荷爾蒙較少、焦慮感較輕。研究亦指出親人的接觸能令我們減輕痛楚，產生較強的免疫力和增強親密感。

想一想，你有多久沒緊握伴侶的手來表示自己珍惜對方？有多久沒有替父母親按摩肩膊？有多久沒有輕按子女肩頭以示支持？不只電影裏有特異功能的人才有徒手醫治病人的能力，我們的觸碰，也一樣可以紓解至親不安的情緒。

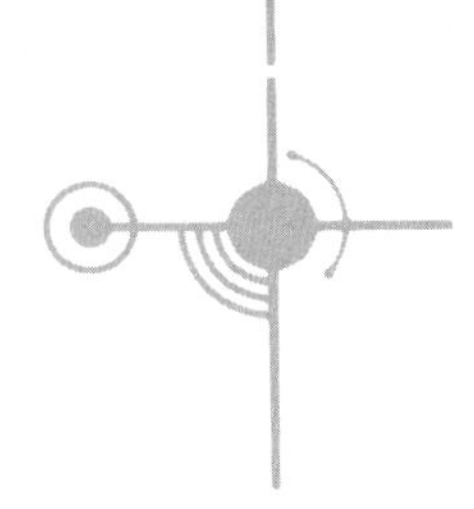

3 結語

潛伏因素、引發因素和持續因素三者之間的關係，可以用下面例子去闡釋：在風暴中，我們不時都會聽到某某地區有大樹倒下。一棵經年累月屹立不倒的大樹倒下，風暴只是一個引發因素。引發因素的背後可能還存在一些潛伏因素，如土壤流失和營養不足，導致大樹長期積弱和生病；或欠缺妥善保養和防風措施等，增加了大樹倒下的風險。以上因素除了是潛伏作用外，亦可能令問題持續。要防止樹木倒下，就要全面了解並針對令問題持續的因素，作出改善，包括加裝金屬支架固定樹身，增加檢查次數，做足防風及保養措施等。從以上例子可見，了解焦慮問題背後成因，無論對臨牀治療或患者自助，意義都非常重要。

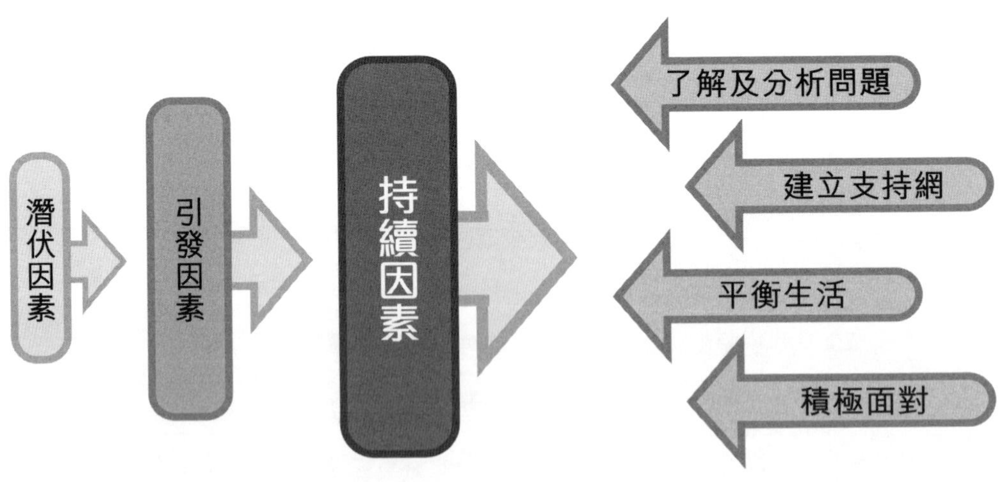

認識焦慮症的成因之後，下一章我們會為你詳細介紹不同種類的焦慮症和它們的特點。

自我探索：我的焦慮發展時間表

試寫出有可能導致你焦慮的事件和原因：

日期	事件	潛伏 / 引發 / 持續因素

請嘗試分析你焦慮問題的引發點及嚴重程度。

引發點：

深度：

長度：

闊度：

參考資料

Barlow, D. H.(2002). *Anxiety and Its Disorders: The Nature and Treatment of Anxiety and Panic.* New York: Guilford Press.

Bourne, E. J.(2005). *The Anxiety & Phobia Workbook(4th Ed.).* Oakland, CA: New Harbinger Publications, Inc.

Field, T.(2006). *Massage Therapy Research.* Miami: Elsevier Health Sciences.

Mowrer, O. H.(1960). *Learning Theory and Behavior.* New York: Wiley.

第三章　焦慮症的分類

專業人士會用有系統的方法將不同的焦慮問題分類，情況就像一個家族裏面不同的成員一樣。「焦慮症」就像這家族的姓氏。

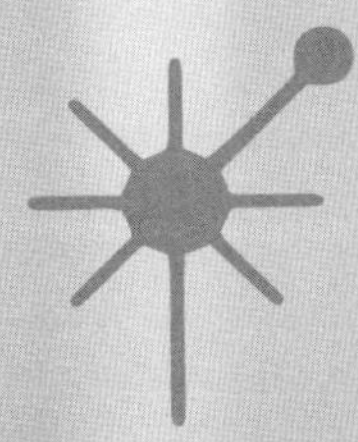

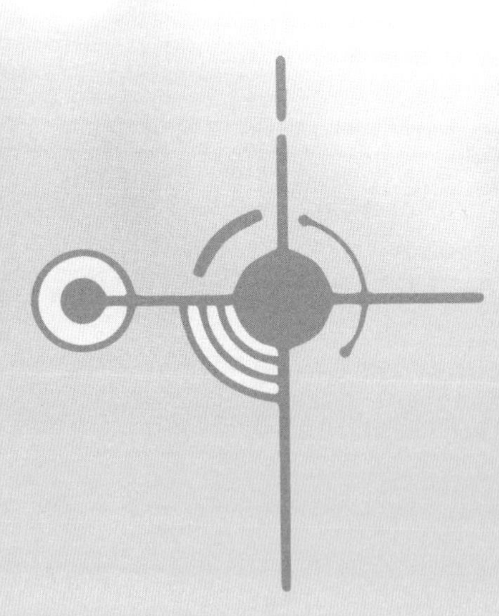

1 認識焦慮家族

如果有人問你，焦慮、驚恐和恐懼有何分別？相信一時間你很難回答。近年傳媒愈來愈多提及不同的專有名詞，如「焦慮症」、「驚恐症」、「恐懼症」等。為方便理解及溝通，專業人士會用有系統的方法將不同的焦慮問題分類，情況就像一個家族裏面不同的成員一樣。「焦慮症」就像這家族的姓氏，家裏住着不同名字的成員，現在就讓我們一起認識這個焦慮大家族吧！（以下分類乃參考常用的美國精神醫學會《精神疾病診斷準則手冊》DSM-IV-TR）

焦慮家族成員（排名不分先後）

突然恐慌的**驚恐症**（Panic Disorder）
只此一驚的**恐懼症**（Specific Phobia）
人言可畏的**社交焦慮症**（Social Anxiety Disorder/ Social Phobia）
重重複複的**強迫症**（Obsessive-Compulsive Disorder）
失去安全感的**創傷後壓力症**（Trauma-related Anxiety Problem: Acute Stress Disorder / Post-traumatic Stress Disorder）
凡事擔心不已的**廣泛性焦慮症**（Generalized Anxiety Disorder）

其他可能導致焦慮問題出現的情況，如身體毛病、藥物影響等。

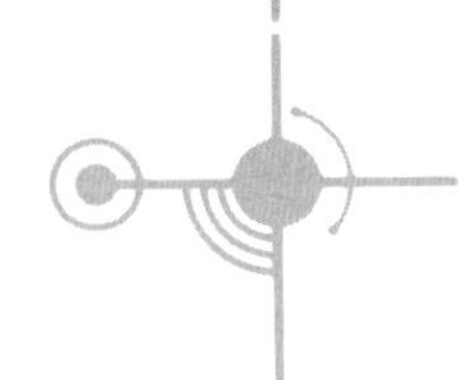

焦慮的生活

一項綜合近十年有關焦慮症對整體生活質素（quality of life）影響的報告指出，焦慮症患者感到自己的生活質素比一般人低，他們表示在生活各方面都不能享受與其他人相同的質素，包括整體健康、人際關係、工作以及家庭方面等。一個在加拿大進行的調查發現，大約三成患上社交焦慮症的人認為自己健康情況普通至惡劣，相比其他受訪者多出一成三；患者接受社會經濟援助的百分比較其他人多一倍；多於五分一的患者不滿意自己的生活。由此可見，焦慮問題若得不到正視，長遠對生活各方面都有影響，如你想過一個健康的人生，焦慮問題就不容忽視。

1.1 突然恐慌——驚恐症（Panic Disorder）和恐慌突襲（Panic Attack）

你嘗試過在十分鐘內出現至少四種下列症狀嗎？

□ 混亂而急速的心跳

□ 窒息、難以呼吸

□ 胸口不適

□ 不真實的感覺

- □ 發抖
- □ 驟冷或驟熱
- □ 覺得自己快要死了、控制不了自己
- □ 肌肉發麻或刺痛
- □ 冒汗
- □ 暈眩

若有，你可能已經嘗過恐慌突襲了。恐慌突襲指突如其來的恐慌及不安感，伴隨而來的是即時的強烈身心反應（如上所述）。請留意，若你曾出現過恐慌突襲，並不代表你已患上驚恐症。患有驚恐症的病人不只一次遇到恐慌突襲，更會持續憂慮恐慌突襲在毫無防備的情況下出現，帶來恐怖的負面後果，如心臟病發、窒息、當場休克或暈倒、或當眾出醜、甚至猝死，這些憂慮嚴重影響他們的日常生活。

討論區

健康最重要

淑芬剛過了 52 歲生日，雖然身體一向健康，但有感自己年紀不輕，是時候更注重健康。淑芬上個月加入了健身會，有空就去做運動。這回她像往常一樣跑步，為了燃燒更多脂肪，剛開始就馬上把跑步機調校至頗快的速度。起初她的心跳不斷加快，還以為這是因跑步而起的正常反應。但當她離開跑步機後，心跳還是非常急速。淑芬害怕自己可能快要死掉，覺得呼吸愈

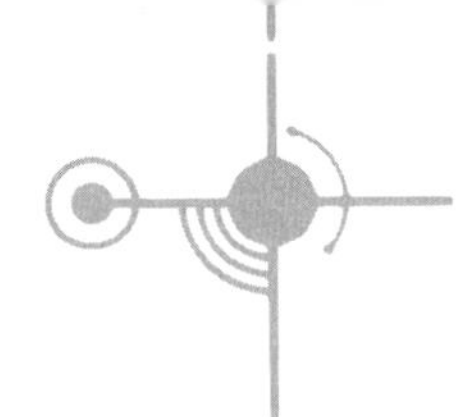

來愈困難，心臟激烈跳動得像快要爆炸，最後由健身會的工作人員替她召救護車。

原來兩個月前淑芬和朋友打麻將，其中一位好友突然心臟病發，這件事令淑芬不知不覺間開始擔心自己的健康。一個小小的提示如心跳加快，已令淑芬墮入自己設下的圈套，以為和心臟病有關，引發一連串恐慌突襲反應。

想一想：

你認為什麼原因引起淑芬的心跳反應？又有什麼原因令她的身體反應加劇？

面對突如其來的失控感，很多驚恐症患者會採取一系列方法，避免最壞情況發生。常見如避免到有機會令恐慌突襲出現的地方，或出外時做好準備，找人陪伴或帶備一些能令自己安定下來的東西，又或當有生理反應時，第一時間逃離現場。可以想像，以上種種行為會令患者的生活習慣改變，影響日常起居作息。

有部分驚恐症患者更會出現廣場恐懼症，逃避的行為變得廣泛和難以控制。他們害怕到一些令自己心理上覺得被困而不能即時離開，或離開時會出現尷尬場面的地方，如鬧市、戲院、理髮店、看牙醫、排隊、坐車等，嚴重者更可能終日足不出戶。

廣場恐懼症 Agoraphobia

Agoraphobia 這字由希臘文演變過來。如果你到過希臘首都雅典，可能去過一個名叫 Ancient Agora 的地方，意即古代廣場，是古時大哲學家如蘇格拉底和柏拉圖向人們演講或互相辯論的地方。Agora 在希臘文即廣場的意思，Phobia 一字源於「恐懼」的希臘文（Phobos），加起來就是「廣場恐懼症」（Agoraphobia）。

1.2 只此一驚——恐懼症（Specific Phobia）

恐懼症患者會對某種事物或情況持續出現強烈的恐懼反應。和驚恐症相比，恐懼症患者是害怕該事物或情況本身，並非像驚恐症患者般擔憂焦慮反應的出現及其後果。以下列舉幾種較常見的恐懼症種類：

動物類：常見有怕蜘蛛、怕蛇、怕老鼠等，這類恐懼多在童年時期開始出現。

自然環境類：常見有畏高、怕水、怕行雷閃電等。

血液 / 注射 / 損傷類：對血液或損傷、接受注射或其他侵入性醫療步驟產生恐懼。此類患者通常有強烈的心血管反應，於恐懼時會較易感到頭暈，甚至會因為血壓驟降而暈倒。

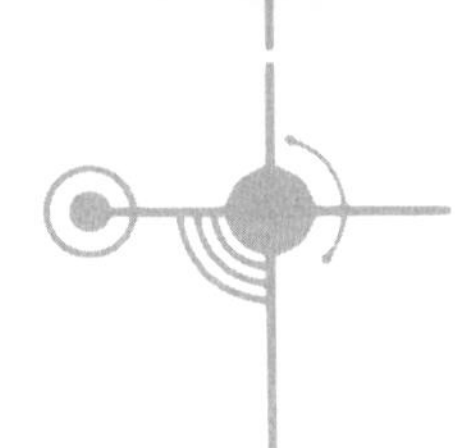

處境類：如懼怕身處隧道、升降機、飛機或車廂等。此類處境會令患者憂慮身處幽閉空間或出狀況時難以即時離開。

從你的日常接觸中，有否察覺有人對鉛筆、手提電話或牛仔褲之類物件產生恐懼？心理學家 Martin Seligman 解釋，由於生理機制內的自我保護本能，人類對某些自然危險（如猛獸害蟲、傷亡事故、危險地方）較易及較快產生恐懼反應而儘快尋求安全。恐懼症患者的問題在於其恐懼反應過分強烈，以致帶來困擾及嚴重影響正常生活。

臨牀發現，恐懼症患者較其他焦慮症患者少求診。由於恐懼症影響的範圍較窄，很多患者都能透過刻意避開令自己恐懼的東西，繼續過正常生活。因此，尋求協助的患者多為生活中必須面對該情況，或真的希望問題得到解決。

話你知

恐懼排行榜

根據不同的研究和調查發現，最令人恐懼的十大事物包括：

第 1 位　蛇

第 2 位　公開演講

第 3 位　高

第 4 位　齧齒類動物，如老鼠

第 5 位　飛行

第 6 位　被困在窄小的地方

第 7 位　蜘蛛和昆蟲

第 8 位　行雷閃電

第 9 位　在深夜中獨自一人

第 10 位　狗

大多數人之所以恐懼以上事物，是因為害怕它們會威脅自己的性命安全。有趣的是，人們害怕閃電、毒蛇和飛機多於汽車，但我們因以上的事物而死亡的機會率極低，甚至遠低於因汽車交通意外的死亡率，可見人們的主觀恐懼與客觀上該事物會帶來危險的機會率往往有着一段距離。

直接因以下事物死亡的機會：

閃電	二億五千萬分之一
毒蛇，有毒的蜥蜴和蜘蛛	七十萬分之一
飛機或空中交通意外	五千分之一
汽車交通意外	八十一分之一

1.3 人言可畏——社交焦慮症

(Social Anxiety Disorder / Social Phobia)

社交焦慮症患者擔心別人對自己的負面評價和看法。於社交場合，尤其面對陌生人，或須向一大羣人說話時，患者會感到難以自處，出現焦慮反應如面紅耳赤、緊張、說話不流暢等。社交焦慮症患者多欠缺自信，害怕講錯話或表現欠自然，以致令別人對自己產生負面印象。患者會逃避出席社交活動，或出席時不能表現自然。他們也不能集中於談話的主題，反而過分留意一些無關緊要的地方，如自己的說話速度、流暢性、其他人的面部表情等。

其實很多社交焦慮症患者並非沒有興趣與人交往，只是因為他們過分在意別人對自己的看法，而產生強烈的焦慮行為。社交焦慮反應其實相當普遍，相信很多人（包括我和你在內）都會在公開講話、出席會議或認識新朋友時感到焦慮。若此焦慮問題嚴重影響正常社交及工作，就有可能是患上社交焦慮症了。

社交焦慮的惡性循環

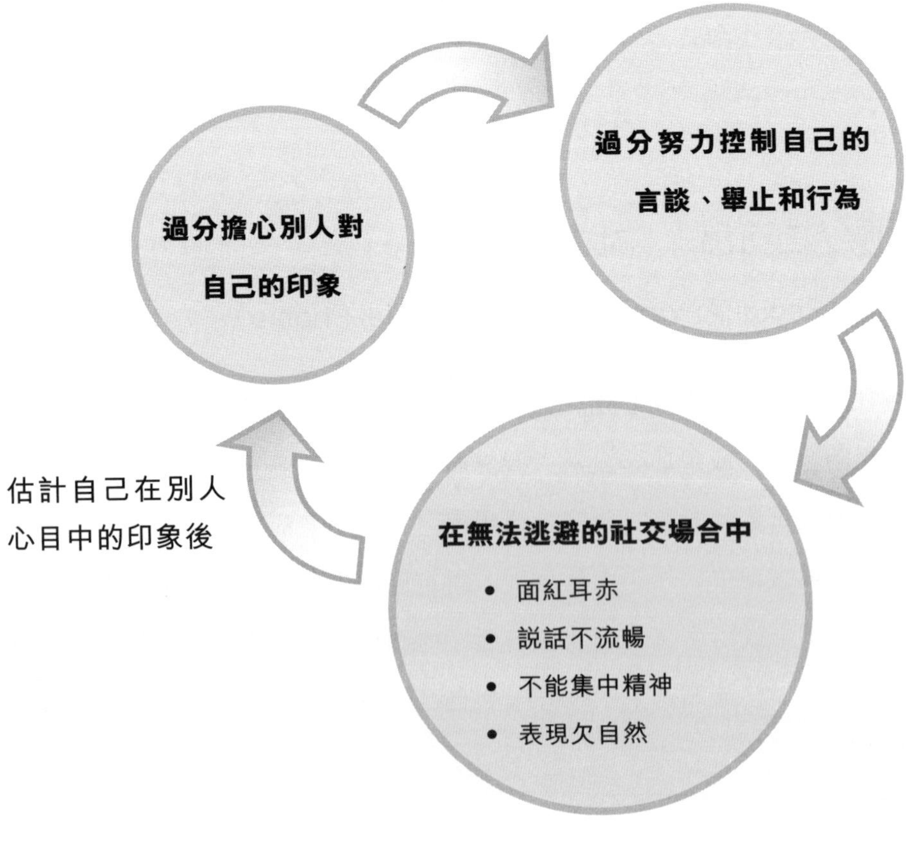

過分擔心別人對自己的印象

過分努力控制自己的言談、舉止和行為

在無法逃避的社交場合中

- 面紅耳赤
- 說話不流暢
- 不能集中精神
- 表現欠自然

估計自己在別人心目中的印象後

1.4 重重複複——強迫症

（Obsessive-Compulsive Disorder）

強迫症，簡稱 OCD。患者會有突然而又重複出現的念頭、思想或衝動（obsession）。這些念頭揮之不去，造成極度不安和焦慮，最後患者須要透過重複一些無助解決問題的行為或想法（compulsion）去減低這種焦慮。

（1）強迫觀念（Obsession）

很多人剛剛出門，才想起自己可能沒有關好水龍頭，要回頭再檢查一次，強迫觀念就是把這種恐懼過分擴展。通常患者因為害怕自己的想法或行為（甚至沒有做的事情）會為自己和身邊的人帶來厄運，而產生強烈的焦慮和罪咎感。強迫觀念可能涉及感染細菌的恐懼、關乎性的影像、自己傷害他人的衝動，或害怕離家前沒有將水喉或爐火關上等念頭。

（2）強迫行為（Compulsion）

重複及強迫行為的作用在於消除之前的強迫觀念帶來的影響，就好像電腦的「復原鍵入」（undo）鍵一樣，把剛剛發生過的事抹去，以減低強迫觀念帶來的焦慮。強迫行為例子如不停重複洗手及清潔、檢查各樣會引致危險的物件如利器、爐具和電掣，以及想一些中性或正面的事如數數字、好人好事等。雖然強迫行為能帶來一時放鬆，長遠卻會令自己被強迫觀念牽制，最終加劇焦慮。

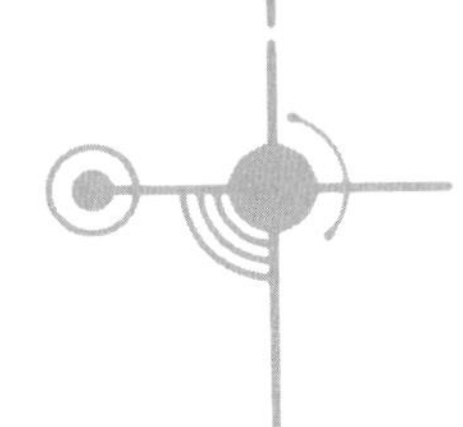

強迫症是一個很耗時的病症，不少患者將自己的生活集中在強迫行為的問題上，甚至每天花上數小時或以上的時間重複進行強迫行為。其實，很多強迫症患者理性上都能意識到自己的擔心和做法並不合理，但又不能用自己的意志去克服強迫觀念，造成自我衝突和矛盾，嚴重者更會出現抑鬱的情緒。

討論區

非常媽媽

潔文自從生了小孩後，就開始害怕周圍的環境不夠清潔衞生，對孩子的健康造成威脅。她十分害怕自己身上的細菌會傳染到孩子身上，所以由朝到晚不停洗手。她亦害怕不潔的食具會令小朋友生病，覺得只有家裏的食物和器具才是最安全，孩子再肚餓也要回到家才吃飯。她對衞生的要求愈來愈極端，要求丈夫回家後立刻沐浴更衣，然後自己把家居消毒一次。起初丈夫也儘量容忍潔文的行為，認為她只是着緊小孩，但漸漸發覺她的情況已到了無法忍受的地步。

想一想：

潔文有什麼強迫觀念和強迫行為呢？

1.5 失去安全感——創傷後焦慮問題

(Trauma-related Anxiety Problem: Acute Stress Disorder / Post-traumatic Stress Disorder)

第一次世界大戰後，不同國家的軍人都不斷出現戰後身心反應，例如容易疲累、反應緩慢、長期焦慮、經常重複回想戰時的情境等。這些反應開始引起心理學家對創傷後心理問題的注意，研究天災人禍這些創傷事件帶來的心理影響。人類經歷天災人禍時出現恐懼、壓力和無助感實屬自然，經過一段時間後這些情緒應慢慢平復過來。可是，部分人會有過分強烈的短期反應，引起嚴重的焦慮問題（急性壓力症 Acute Stress Disorder）；也有部分人有過長的壓力反應（創傷後壓力症 Post-traumatic Stress Disorder），持續四至六個星期，甚至更長時間，對身心造成傷害。

災難意外中，常牽涉生死和傷亡的場面。事故後，患者未能消化當時過分強烈的情緒，腦海中不時浮現意外時的畫面。當他們再接觸與事件有關的情況時，會觸發他們對創傷的聯想，引起強烈反應和情緒不安。故此，有創傷後焦慮問題的人會避免接觸和該事件有關的情況，例如海嘯生還者會逃避聽到海浪聲，車禍生還者會害怕乘坐交通工具。日常生活中，他們擔憂會再次遭遇到同類創傷事件，精神常處於緊張狀態，以致肌肉緊張、睡眠質素變差。有些患者甚至對人生和將來失去安全感，失卻動力，對家庭、社交和工作再不感興趣。

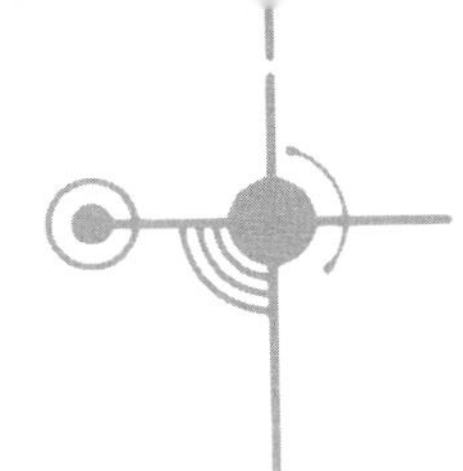

1.6 擔心不已——廣泛性焦慮症

(Generalized Anxiety Disorder)

顧名思義，廣泛性焦慮症患者對日常生活很多事情都過分憂慮，覺得最差的情況任何時候都可能發生，而自己又一定應付不來。他們的憂慮多圍繞一些日常生活問題，例如健康、家庭和工作等。他們長時間處於焦慮狀態，感到緊張和坐立不安，很難集中精神做事，不能停下來放鬆自己。廣泛性焦慮症患者常會做很多不同事情，或希望凡事做到最好，以避免及防止自己擔心的情況發生。

雖然廣泛性焦慮症和恐懼症在定義上不同，但一些心理學家認為廣泛性焦慮症其實是恐懼症（特定恐懼）推而廣之的版本，由對一些特定事物的恐懼，變為對多樣事情的恐懼。廣泛性焦慮症當中最常見的憂慮包括對失去控制感的恐懼、對失敗的恐懼、對被排斥或遺棄的恐懼、和對死亡與疾病的恐懼。

1.7 其他可能導致焦慮問題出現的情況

此類焦慮症主要源於一些生理問題，如身體毛病及藥物影響等。常見與焦慮問題有關的身體毛病有內分泌問題（甲狀腺機能亢進或減退、血糖過少）、心血管問題（充血性心力衰竭、肺動脈栓塞）、新陳代謝問題（缺乏維生素 B12）、腦神經問題（前庭系統問題、腦炎）。藥物影響而引致焦慮的原因包括濫用藥物、服用醫療藥物後的副作用和接觸到有毒物質。如遇以上情況，最好先請醫生作詳細身體檢查，找出問題根源，再安排跟進。

2 焦慮症帶來的煩惱

當你發現自己有焦慮症，第一個遇到的問題，當然是心理上的困擾和不安。除此之外，焦慮症還會為生活帶來不同的問題和影響：焦慮帶來身體毛病（如高血壓、頭痛問題、腸胃症狀等），這些情況已不是一項新發現。長期焦慮會影響身體不同機能，如心臟機能、免疫機能、甚至腦功能。焦慮總離不開壓力，長期壓力已被證實和很多病症有關，如心臟病和癌症。

除了健康，焦慮亦影響你的學業或工作表現。焦慮令你過分擔憂，難以集中精神，犯錯增加。有時你因過分小心緊張，花費大量時間精力去避免犯錯，反而影響效率。焦慮症通常都會帶來身體毛病，如焦慮問題得不到正確的診斷和跟進，令患者因身體毛病求醫的次數增加，卻得不到恰當的治療，造成醫療支出加大。

除了影響自己，焦慮問題也可能會影響下一代。孩子會透過觀察父母的行為和思想模式，不斷模仿學習。研究發現焦慮父母的孩子比一般人有較大機會更為焦慮。除了影響子女外，因焦慮而產生的逃避行為，亦會造成很多生活上的限制，令你不能正常地生活。

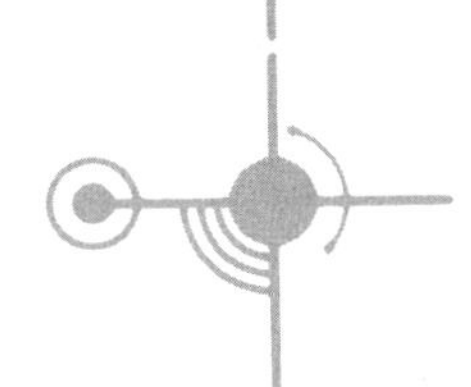

話你知

焦慮症的賬單

焦慮症患者比其他人平均看醫生的次數多出三至五倍。根據一份刊登在 *Journal of Clinical Psychiatry* 的報告指出，焦慮症比任何一種情緒病所耗用的金錢更多，佔美國醫療開支約三分之一，金額估計達至四百二十億美元！當中的開支包括：

- 重複不必要的醫療程序（單是這一項就佔了大約二百三十億美元）
- 藥物治療
- 醫護治療
- 住院
- 因焦慮症而降低生產力

3 結語

雖然以上將不同的焦慮症大致分類，但現實中的焦慮問題有時並非這樣容易區別，幾種焦慮問題集中於同一患者的情況並不罕見。一個針對驚恐症的研究發現，驚恐症患者中，15 至 30% 有社交焦慮症，10 至 20% 有恐懼症，25% 有廣泛性焦慮症，8 至 10% 有強迫症。如你發覺自己的焦慮情況與多於一種焦慮症相似，不須感到害怕。如希望進一步了解自己是否有焦慮症或患上哪種焦慮症，最佳方法是尋求專業人士（如精神科醫生和臨牀心理學家）的協助，為你的情況作臨牀評估和診斷，安排適當的治療及跟進。

縱使焦慮問題種類繁多，變化甚廣，卻往往離不開最根本問題——焦慮情緒。本書目的在於提升讀者對焦慮情緒的基本了解，以及建立技巧加以處理。若你要處理的是某一個焦慮問題，甚至是焦慮症，你當然可以嘗試運用此書的內容；但我們建議你先跟治療師商討，如何運用本書作為治療焦慮症的工具。

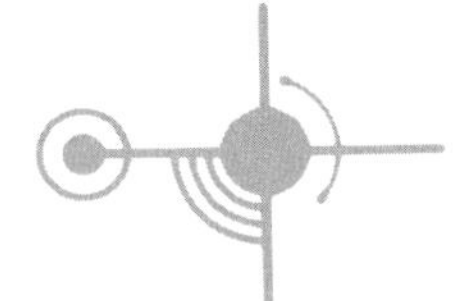

分析你的焦慮

試在下表填寫哪些情況會令你感到焦慮，並列出相關的反應。這個表將助你更明確了解自己的焦慮情況，以學習自助方法改善焦慮。

令我感到焦慮的情況	焦慮指數 1-10 （10 為最嚴重， 1 為最不嚴重）	我的反應 （包括思想、身體和行為）

參考資料

American Psychiatric Association(2000). *Diagnostic and Statistical Manual of Mental Disorders* (Fourth Edition, Text Revision). Washington: American Psychiatric Association.

Barlow, D. H.(2002). *Anxiety and Its Disorders: The Nature and Treatment of Anxiety and Panic.* New York: Guilford Press.

Beck, A. T., & Steer, R. A.(1993). *Manual for the Beck Depression Inventory.* San Antonio, TX: The Psychological Corporation.

Greenberg, P. E., Sisitsky, T., Kessler, R. C., Finkelstein, S. N., Berndt, E. R., Davidson, J. R. T., Ballenger, J. C., & Fyer, A. J.(1999). The economic burden of anxiety disorders in the 1990s. *Journal of Clinical Psychiatry,* 60(7), 427-435.

Olatunji, B. O., Cisler, J. M., & Tolin, D. F.(2007). Quality of life in the anxiety disorders: A meta-analytic review. *Clinical Psychology Review,* 27, 572-581.

Seligman, M. E. P.(1971). Phobias and preparedness. *Behavior Therapy,* 2, 307-321.

The Canadian Community Health Survey(2005). How Healthy are Canadians? Retrieved from the World Wide Web: http://umanitoba.ca/libraries/units/datalib/cchs.htm on 26 Feb 2008

第四章　焦慮的治療與自助

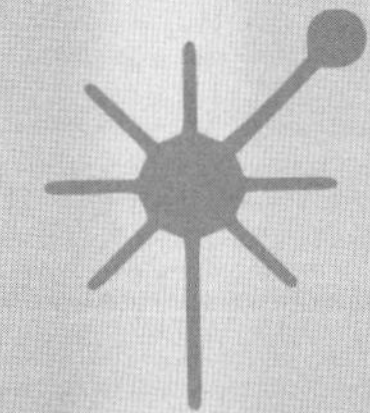

情緒自助是對抗焦慮問題重要的一環，甚至在心理治療中也是不可或缺的元素。不論你的焦慮問題多嚴重，學習和掌握情緒自助的方法都於你有益。

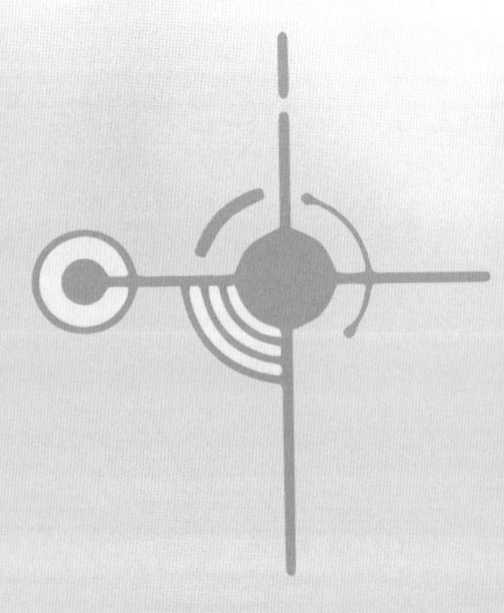

1 治療焦慮症的方法

假如你患上第三章介紹的其中一種焦慮症，就應儘快尋求專業治療或協助。當然，你亦可以透過學習和掌握本書所建議的自助方法，來改善焦慮的情況。焦慮治療以藥物和心理治療為主，以下我們將為你逐一介紹。

1.1 藥物治療

治療焦慮症的主要藥物是抗焦慮劑，劑量因人而異，主要根據藥物種類、患者的身體狀況、年齡、體重等來決定（詳見附錄：〈抗焦慮藥物治療點滴〉）。醫生不單提供藥物治療，更會為求診者作全面的病況評估，了解焦慮的成因及程度，並於需要時作出相應的服務轉介。求醫途徑包括：

(1) **家庭醫生**：很多人遇有輕微病患或希望作初步診治時，便到私家診所求醫。醫治焦慮問題同樣可向這類醫生尋求協助，近年部分家庭醫生亦有接受短期及持續的訓練，學習醫治情緒病及處方精神科藥物。當然，家庭醫生會判斷患者的病情，考慮轉介私家或公立醫院的精神科醫生，作更適切的治療。

(2) **公立診所**：即所謂「排街症」，公立診所的醫生跟家庭醫生作用相若，醫生若發現患者病情嚴重，便會轉介其他專科服務。

(3) **精神科醫生**：即專科醫生，他們治療精神問題的臨牀經驗，及對精神科藥物的認識都較豐富。大部分精神科醫生於公立醫院工作，病人可

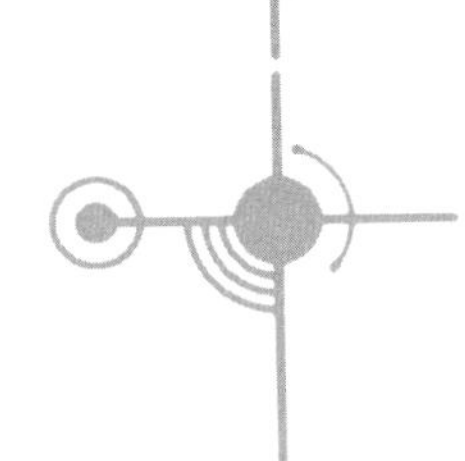

在精神科門診部約見診治。私人執業的精神科醫生，同樣可為患者處方及作其他服務轉介，輪候時間較快，但費用相對較高。要尋求精神科醫生診治，你可以瀏覽 http://www.mchk.org.hk/doctor/Specialist/24.pdf 內的「香港精神健康條例認可醫生名單」。特別一提，部分醫生亦會在治療時，運用心理治療技巧減輕患者情緒症狀。

1.2 心理治療及心理輔導

心理治療的目的是幫助焦慮症患者了解引致焦慮的成因、對生活的影響和學習處理方法。治療目的包括：**(1) 接納和疏導負面情緒；(2) 學習新的技巧和生活模式**，藉此改善焦慮情緒及解決困難；**(3) 改變固有的負面思考方法和行為**。治療方法以對話為主，有時亦會輔以筆錄及實踐練習來加強果效。治療人員通常會在一個安全和保密的環境下，與接受心理治療的對象探討以下內容：

- 成長經歷
- 人際關係
- 深刻／別具意義的經歷
- 負面的思想與行為模式
- 自我形象和自信心
- 處理壓力和情緒的態度和方法
- 生命的方向和意義

治療人員的角色有別於家人或朋友，他們在治療過程中，會運用心理技巧，協助受助人客觀全面地了解問題的癥結，並期望達到理想的改變。在香港，提供心理治療的專業人員包括：

(1) **臨牀心理學家**：必須持有本地認可的臨牀心理學碩士或以上學歷。臨牀心理學是一門應用心理學專科。臨牀心理服務是以心理學的理論、科學研究和臨牀經驗作為治療的基礎，主要是提供有關精神健康的評估和治療。香港現時有數百位臨牀心理學家，大部分在政府部門、醫院管理局、社會服務機構及大專院校工作。求診人士通常不會第一時間直接與臨牀心理學家接觸，多數須經醫生、社工或其他專業人士轉介；亦有部分是私人執業，市民可經轉介或直接求診。為保障個人權益，尋找臨牀心理服務時，應審慎留意執業人士的專業資格。市民可瀏覽香港心理學會的網站 http://www.hkps.org.hk，尋找「註冊臨牀心理學家名單」，亦可致電 2549 0364 香港心理學會查詢。

(2) **社會工作者**：持有社工學士或以上學歷，並於香港社會工作者註冊局申請成為註冊社工。社工主要在政府部門、醫院及社會服務機構工作，處理人與環境之間的協調，以助人自助為依歸，進行改善家庭、居住或經濟環境、資源分配，建立社區支援網絡及社區教育等工作，亦會提供個人和家庭輔導服務。他們往往是求助者第一個接觸的專業人士。社工會作初步評估，如有需要，會將個案轉介給精神科醫生或臨牀心理學家，亦會協助提供其他支援服務，如訓練小組和社交活動等。

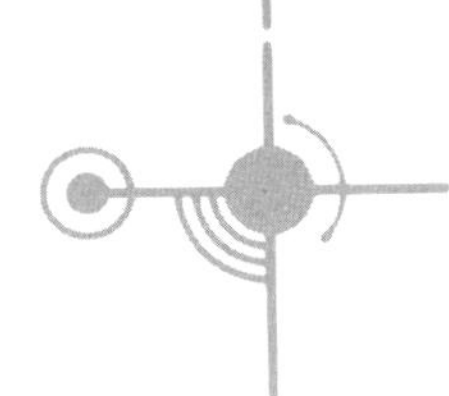

(3) **輔導心理學家和輔導員**：持有輔導學學士或以上學歷，或其他心理治療學派認可的輔導資格，以輔導心理學理論為受助人進行心理輔導。他們較多在私人機構工作或私人執業。

(4) **精神科醫生和家庭醫生**：精神科醫生和部分曾受精神科訓練的家庭醫生，亦會為求診人士提供心理輔導與治療，並在有需要時提供藥物治療。

選擇合適的治療人員時，必須留意兩項情況：

(1) **治療理念與手法**：有些治療人員或專長某類心理治療法，例如家庭治療師集中處理家人互動關係，運用認知治療法的人員則主要處理習慣性負面思考模式等。患者在接受治療前，宜多了解治療的主要手法，以便選擇合適的治療人員。

(2) **互信和合作的關係**：心理治療的時間有長有短，成功因素涉及多方面，包括患者問題的複雜程度、對治療的反應和其他因素（如個人渴求改變的決心、藥物反應、社交支援的強弱等）。不論使用哪種療法，最重要是患者與治療人員必須建立互信和合作的關係，再加耐性和決心，願意坦誠地探討問題，才能逐步處理情緒困擾。

2 焦慮情緒自療

情緒自助是對抗焦慮問題重要的一環，甚至在心理治療中也是不可或缺的元素。**不論你的焦慮問題多嚴重，學習和掌握情緒自助的方法都於你有益。**

值得強調的是：即使你沒有患上焦慮症，並不代表你不會受焦慮問題困擾。有些人經常都感到緊張或憂慮，但嚴重程度可能未至演變成情緒病，可是他們生活的滿足感和愉快情緒會大打折扣，這種未成「症」但卻造成負面影響的情況其實相當普遍，大大影響我們的生活質素。預防勝於治療，若你及早發現自己有焦慮的傾向或經常受這種情緒影響，並依本書所建議的方法去做，必可改善（當然，假使經過一段時間的努力，你的焦慮問題仍未見改善，就應立即尋求專業協助或治療了）。

大多數人都有一種安於現狀的傾向。提起「改變」總是令人感到不安，甚至焦慮。然而，成長就是改變，這個可以是正面的經驗，當中雖有艱辛，但亦有愉快滿足的一面。就如幼兒學行一樣，由多次嘗試失敗到最終成功地走路，那份滿足自豪的感覺是美妙的。所以，不須害怕改變，只要找到正確有效的途徑，自然可以把自己的情緒掌握得更好。

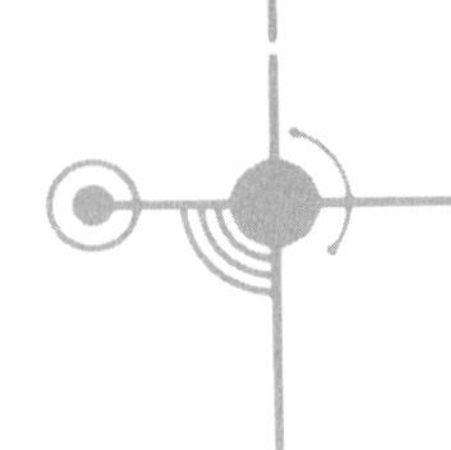

3 焦慮的迷思

情緒自療的過程中，你首先要解決心中對改善焦慮的疑問。現在讓我們為你逐一澄清和探討一些常見有關焦慮的迷思：

(1) 焦慮是天生的，沒有可能改變

你可能認為焦慮是與生俱來的情緒，是遺傳因素所造成，天生你就是個易焦慮或情緒化的人，努力改變也是徒然！這種想法只是對了一半，據心理學研究指出，**遺傳因素對情緒的影響最多只佔五成，另外約四成是你自己可以選擇和控制的**（另有一成是環境現實因素）。如果你善用這四成的能力，學習掌握有效的方法，你的情緒自控力將會大大改善。

(2) 我的焦慮問題是環境造成

也許你以為自己的焦慮是因環境而產生，例如你的工作壓力很大、面臨失業、經濟拮据；或是人際關係很差，經常與人產生摩擦，造成自己精神緊張；又或者你害怕身體健康出現問題，擔心患上重病。最糟糕的想法是假設自己的情緒問題是別人的過錯或責任。這樣的想法等於把自己「心情幸福感」的主權交了出來。其實，最清楚了解自己感受的人是你，所以「心情幸福感」也該由你自己來掌握。

外在環境因素固然會影響你的心情，但影響的程度有多大視乎你的主觀理解和相應行動。有人會因一次考試失敗而氣餒和放棄，亦有人會再接

再厲重考，直至考到理想成績，更有人會藉此機會重新思考自己的人生目標，活出精彩的人生。不論現實如何，怎樣回應現實才是影響我們情緒的關鍵。

(3) 焦慮不受我控制

很多人以為焦慮純然是主觀感覺，不受自我控制。它自然而來，自然而去，可以拿它怎樣呢？甚至有時候愈叫自己不要緊張，心情反而愈緊張！到底情緒是否真的不受控制呢？

誠然，**情緒通常是不能直接控制的，甚至愈想控制反而愈糟糕的例子俯拾皆是，但這不代表世上沒有調整心情的方法**。本書就是希望讓你訓練自己，掌握這些方法。這些方法大多是透過處理自己的想法和行為來達到目的，這樣比直接改變情緒來得容易。只要多加練習，自然就會見效。

(4) 改變情緒要付出很大代價

別把改變情緒的難度誇大了。記住：焦慮的其中一個思想特徵，就是將難處放大，並將自己的能力看小。物理學上一件物體因受力而要移動時，起初先要有較大的起動力來克服「慣性」(inertia) 這狀態。任何改變在起始時都會有些阻力，心理活動也一樣，第一步行動往往是最艱難的，起步後漸漸就不用費太多氣力了。**所謂「萬事起頭難」，只要明瞭和克服這個心理，接着的道路就會平坦得多了。**

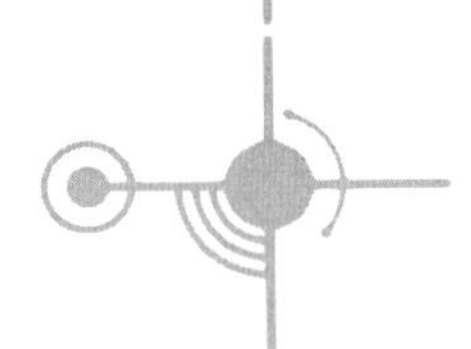

轉變的五個階段

學者 Prochaska 根據他對戒掉成癮的研究，建立了人在轉變時經歷不同階段的模式（Stages of Change Model），被廣泛應用於不同問題的處理上。這套理論說明沒有人能一夜之間作出天翻地覆的轉變，轉變要經過一連串階段。在不同階段中須面對不同問題，這五個階段包括：

（1）轉變前期（Precontemplation）

雖然問題已經出現，但當事人還未肯承認，他們會逃避現實，否定問題的存在。

（2）思考期（Contemplation）

開始正視問題，想到問題帶來的後果。這時人們會衡量轉變帶來的好處和壞處，心中七上八下，在問題帶來的惡果和轉變所需的苦功當中掙扎。雖然如此，在這階段的人會比較開放，願意聽取有關轉變的資訊。

（3）準備期（Preparation / Determination）

經過之前的思考，開始肯定自己需要改變，為轉變作出預備，搜集有關改變的資料，進行計劃。

（4）行動（Action / Will power）

開始了改變的行為，這階段可長可短，視乎前一個階段所作的計劃。

（5）維持（Maintenance）

改變並不容易，不時都會有引誘叫自己重回舊路。這時需要努力維持已作出的改變，不斷叫自己忍耐和堅持。在這階段也要提醒自己，轉變不能一蹴而就，在行動階段過後感到難以把持是自然的，但這不代表一定要走回頭路。有些人在這階段堅持不到，打回原狀，就會感到氣餒，不再嘗試任何轉變，所以這個階段可說是最重要的一步。其實稍有差池而故態復萌並不等如完全失敗，嘗試過後學到的教訓反而增強了自己的經驗，幫助自己再在第三階段重新出發。

思想一下，面對焦慮的問題，你現在處於哪一個階段呢？怎樣才可進入下一個階段呢？

4 應付焦慮的錯誤方法

焦慮是一種叫人難受不安的情緒，你當然希望消除這種情緒，但若採取了錯誤的方法，效果不但不理想，甚至會令問題變得複雜，有些錯誤方法是似是而非的，叫人不易察覺其弊處。常見的有：

（1）逃避所懼怕的

焦慮既是叫人痛苦的情緒，我們自然很想逃避叫自己產生焦慮的情況和事物，以此來控制焦慮。例如有廣場恐懼症的人會儘量避免到人多的

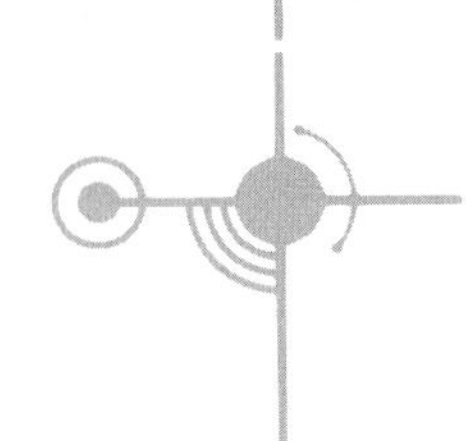

地方，社交焦慮症患者避免社交場合如飲宴等，強迫症患者儘量避免接觸「不潔」的東西。很多時我們以為這樣就可以解決焦慮問題，事實剛剛相反，問題只會愈來愈加深，**而且逃避行為會進一步加強你錯誤的信念，叫你更相信自己沒有能力應付和克服所懼怕的東西。**所以，逃避行為往往是克服焦慮過程中首要處理的問題。

(2) 過分依賴別人的安慰

很多有焦慮問題的朋友都喜歡從身邊的人尋找安慰，藉他們的保證和肯定來叫自己放心一些，例如不斷重複檢查有否出錯的強迫症患者，會要求別人向他保證一切都很安妥，沒有問題；驚恐症患者則可能要求親友陪伴，以確保驚恐發作時不會孤立無援。可惜，**這些尋求肯定的行為都不能徹底解決焦慮問題，反而會加深你對自己的不信任和對別人的依賴，長遠來說，問題沒有真正解決。**

(3) 依賴煙酒等物質

很多焦慮或有壓力的朋友都喜歡用吸煙或飲酒等途徑來試圖減壓，但其實於事無補，反而有害。煙酒只能叫你短暫地忘記煩惱或不快的情緒，長遠來說，你的煩惱仍然存在；**過量使用煙酒會為你帶來更多問題，例如上癮和對身體的傷害等**，所以最好不要用這些「假放鬆」的方法來應付焦慮問題。

(4) 過分依賴精神科藥物

很多焦慮症患者以為藥物治療是惟一解決焦慮問題的方法，以致長期依賴，甚至過量服用精神科藥物（例如鎮靜劑、安眠藥等）來控制焦慮病徵，這種做法很易造成患者生理和心理上的依賴，以致放棄學習一些自我調節的方法來改善焦慮症狀，長遠來説不能徹底解決焦慮問題。

請注意：我們絕非反對藥物治療，相反，在對付各種焦慮症方面，藥物治療很多時是不可或缺、可以糾正腦部中央神經系統失調的最有效方法，適當的藥物治療在處理很多焦慮的問題上都非常奏效。**我們要指出：不要單單依賴藥物來解決自己的情緒問題，心理自助和心理治療往往是長遠解決焦慮問題的有效方法。當然，在很多情況下，藥物和心理治療互相配合是達致最佳效果的明智選擇。**

(5) 壓抑自己的焦慮

情緒是大腦心智活動的自然結果，過程有必然的生理和心理規律，勉強去壓抑自己的情緒並非健康的做法；反而不少研究證實，壓抑情緒會帶來不良的身心效果，例如免疫能力降低和負面情緒難以平復等。然而，現實中我們可能因害怕焦慮的感覺，或怕別人見到我們的焦慮反應，極力去抑壓自己的情緒。**這種手法可能即時有些見效，但長遠來説並非良策；而且抑壓手段本身會產生內心的掙扎，造成更大的壓力和不安，結果可能適得其反。**

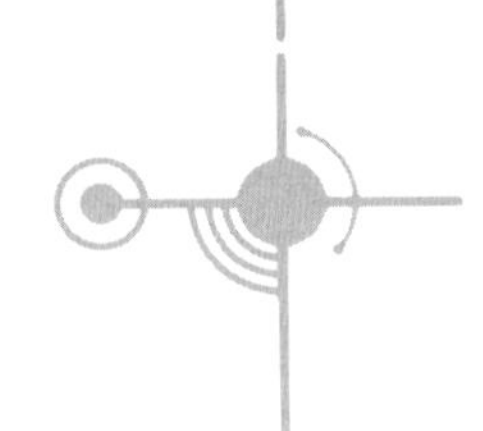

健康的情緒處理手法是在可能的情況下，儘量讓自己的情緒自然流露，最好能夠表裏一致。相比為自己製造內心矛盾和虛假，接納自己內心真實的感受才為上策，不論是正面（愉快）或負面（不愉快）的情緒，你都應該學習了解及善於運用。

焦慮只是一種身心反應，這種反應是有時限的，最辛苦的感覺也會過去，只要你不那麼害怕這種感覺，它一定會消失得比你想像中快。所以，以平常心對待自己的情緒往往是最佳的態度。

5 結語

能夠為自己的心理健康負責，積極尋求改善情緒的途徑，無論是透過專業治療或自助手法，都是值得鼓勵的態度和行動。希望你可以勇敢正視焦慮的問題。本書是一部指南，你可找身邊可信任的人，與你一起學習書內的方法，彼此鼓勵，作你的啦啦隊，助你邁步向前！

你預備好了嗎？戰勝焦慮的旅程要開始了！

1.　和焦慮展開對談

想像你內心有「堅強」和「焦慮」兩個不同的人，「堅強」正站在自己一方跟「焦慮」進行談判。不妨面向鏡子，望着自己雙眼大聲讀出以下句子：

我已準備好不再逃避，以正面的態度面對自己的焦慮。在未來的（時段）＿＿＿＿＿＿內，我會最少每（頻率）＿＿＿＿＿閱讀（頁數）＿＿＿＿＿頁多認識自己的焦慮。我知道自己有能力去改善現狀，過一個健康的生活。

2.　我的目標與承諾

我希望自己會有這些改變：

情緒方面：＿＿＿＿＿＿＿＿＿＿＿＿＿＿＿＿＿＿＿＿＿＿＿＿

行為方面：＿＿＿＿＿＿＿＿＿＿＿＿＿＿＿＿＿＿＿＿＿＿＿＿

思想方面：＿＿＿＿＿＿＿＿＿＿＿＿＿＿＿＿＿＿＿＿＿＿＿＿

每完成一個目標，我會給自己一個大獎勵：＿＿＿＿＿＿＿＿＿＿＿＿

＿＿＿＿＿＿＿＿＿＿＿＿＿＿＿＿＿＿＿＿＿＿＿＿＿＿＿＿＿＿

為了不半途而廢，每次我連續按照書中的方法，練習了＿＿＿＿＿後，我也會給自己一個小獎勵：＿＿＿＿＿＿＿＿＿＿＿＿＿＿＿＿＿＿＿＿

＿＿＿＿＿＿＿＿＿＿＿＿＿＿＿＿＿＿＿＿＿＿＿＿＿＿＿＿＿＿

＿＿＿＿＿＿＿＿＿＿＿＿＿＿＿＿＿＿＿＿＿＿＿＿＿＿＿＿＿＿

我對自己的承諾

我會繼續做（練習）＿＿＿＿＿＿＿＿＿＿＿＿。因為這技巧可以令我在（情況）＿＿＿＿＿＿＿＿＿＿時（效果）＿＿＿＿＿＿＿＿＿＿，我會每（頻率）＿＿＿＿＿＿＿＿＿＿做一次（練習）＿＿＿＿＿＿＿＿＿＿。

3. 練習分析與紀錄表

你可以利用以下的行動計劃表，計劃一下自己的學習進度。找一個你信任的家人或朋友作為你的夥伴，讓他知道計劃，每星期和他檢討一下進度，甚至邀請他和你分享完成目標後的獎勵項目。

時間	我會進行的練習
第 ＿＿ 至 ＿＿ 週	
第 ＿＿ 至 ＿＿ 週	
第 ＿＿ 至 ＿＿ 週	
第 ＿＿ 至 ＿＿ 週	
第 ＿＿ 至 ＿＿ 週	

你可以用下表分析自己學過的技巧，好讓自己能不斷進步（1 代表減退程度很低；100 代表成功減退）：

學到的新技巧	減退焦慮的程度（1-100）	效果
例子：調整呼吸	間中有用（50）	使我於焦慮開始時，快一點平靜下來。
例了：輕鬆活動（例如運動和戶外活動）	活動後感到較輕鬆（60）	可以令自己在日常生活中減少緊張。

參考資料

Bourne, E. J.(1990). *The Anxiety and Phobia Workbook(4th Ed.)*. Oakland, CA: New Harbinger Publications, Inc.

Mains, J. A., & Scogin, F. R.(2003). The effectiveness of self-administered treatments: A practice-friendly review of research. *Journal of Clinical Psychology,* 59(2), 237-246.

Prochaska, J. O., Norcross, J. C., & DiClement, C. C.(1994). *Changing for Good.* New York: Avon Books.

Smith, L. L., & Elliott, C. H.(2003). *Overcoming Anxiety for Dummies.* New York: Wiley.

失眠

心煩意亂

失去自信

容易受驚

坐立不安

第二部分

焦慮自選療法（上篇）

介紹過焦慮的本質、焦慮症的成因和種類之後，我們現在開始進入焦慮自療的方法和技巧部分。由於焦慮症種類很多，本書不可能為你逐一介紹每種焦慮症的自助方法。我們會集中介紹一些對不同的焦慮問題都適用的基本自助原則和技巧，分為兩部分，上篇介紹的方法和技巧源自認知行為療法，是應付焦慮問題最常用和見效的方法；下篇則介紹自信和自我效能的重要、靜觀的方法和正向心理元素的培訓，長遠來說，這些都是對抗焦慮重要和有效的途徑。

本書的方法和技巧由證實有效的心理治療手法演變出來，亦有外國研究顯示，它們適用於情緒自助，效果理想。**當然，如果你希望達致最佳效果，有效減少焦慮，你不單只要讀完本書，更重要的是按書中建議的方法切實去做，從經驗中不斷改進情緒管理和自助的方法。**這過程中你可能會遇到阻礙或困難，請不要氣餒，甚至放棄，任何成長或自助的過程都會有挫折和艱難。你可反思一下自己做得不足的地方，尋求別人的協助或支持，必要時尋求專業輔導，助你克服焦慮問題。

第五章〈請你放鬆：鬆弛自助法〉介紹不同的鬆弛方法，它們是應付焦慮很基本和有效的技巧。由於焦慮和放鬆是兩種相反、互不相容的情緒，當你受焦慮緊張的情緒困擾時，曉得進入鬆弛狀態，就能即時減少焦慮。所以，學習有效的鬆弛方法是絕對值得和有用的，這章將教你三種不同的鬆弛練習，包括呼吸鬆弛法、肌肉鬆弛法和意象鬆弛法。只要你多作練習，便能於生活中掌握放鬆的技巧，減低焦慮。

第六章〈思想起革命：思維自助法〉為你提供應付焦慮有效正確的思想方法，屬於認知行為療法中有關認知的部分。很多焦慮問題都與我們的負面思想息息相關，例如：經常預測將有可怕的事發生、過分擔憂未來、高估現實中的危險與威脅、低估自己的應付能力等，這些負面思想都是焦慮的元兇。在這章我們將會為你詳細介紹改變這些負面思想的方法和步驟，只要你掌握當中的道理和技巧，自然可以轉念，讓思想起革命！

第七章〈擁抱挑戰：行為自助法〉乃認知行為療法中有關行為的部分。應付焦慮最有效的方法是面對它、用漸進式的步驟對所恐懼的事情逐漸減敏、減少焦慮反應與引起焦慮的情境之間的聯繫。例如有社交焦慮的人士可透過這章介紹的「暴露療法」(Exposure Therapy) 來克服社交焦慮的情況。有系統地、重複面對引致焦慮的情境，有助漸漸減少焦慮反應。

現在，請你整裝待發，踏上戰勝焦慮之旅！

第五章　請你放鬆：鬆弛自助法

深層次的鬆弛狀態，正好與焦慮的狀態相反，如學會進入深層次的鬆弛，便可為生活注入從容不迫的節奏。

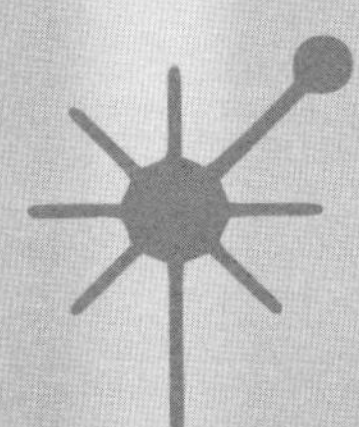

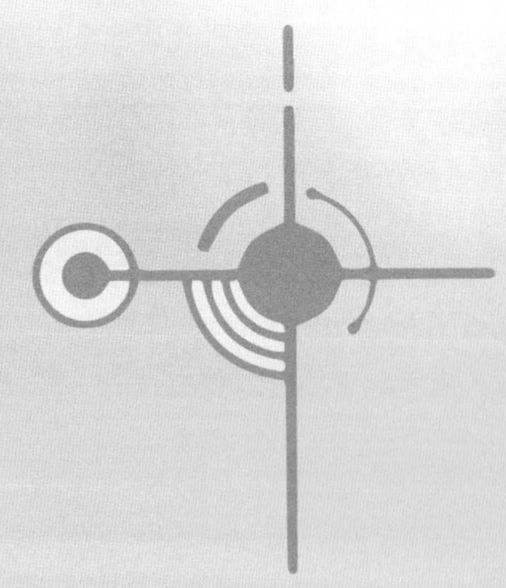

1 身體與焦慮的關係

你怎樣知道自己此刻有否焦慮呢？除了主觀的感覺和想法外，身體反應也是非常重要的提示，例如心跳加快、呼吸急速、手腳麻痺、肌肉拉緊等。

談到放鬆，你可有經驗過鬆弛的感覺呢？你可能會聯想到安躺於風和日麗的沙灘，又或與三五知己結伴卡拉 OK 歡唱。當然這些活動的確令人感覺輕鬆，但要讓身體及精神進入一個深層次的鬆弛狀態，方法便有所不同。**深層次的鬆弛狀態，正好與焦慮緊張時的狀態相反，如果學會幫助自己進入深層次的鬆弛，便可為生活注入從容不迫的節奏，有助應付焦慮和壓力。這章助你練習進入深層放鬆的方法，對應付焦慮非常有效。**

話你知

快樂腦電波

人的腦袋內有上億萬個細胞，不分晝夜進行化學物質交流，使我們的腦袋產生電波。腦電波分為四種，分別是 Alpha, Theta, Beta 和 Delta 波。有趣的是，我們於放鬆和緊張時會發出完全不同的腦電波。我們放鬆時會發出 Alpha 波，深層冥想時則發出 Theta 波，集中精神思考如在判斷事情的時候會發出 Beta 波，睡覺的時候 Delta 波就會出現。

Alpha 波每秒波動的頻率為 8 至 13 次。除放鬆外，平靜、喜悅和靈敏也和 Alpha 波有關。Alpha 波可説是最快樂的腦電波，因為它出現時大腦同時會分泌出血清素，令人身心放鬆，感到平靜安樂。簡單如閉上雙眼和深呼吸都能增強 Alpha 波。有研究曾經量度進行不同放鬆活動之前和之後一段時間的 Alpha 波，在一連串的放鬆活動中，氣功和冥想比被催眠、使用香薰和聽音樂帶來更強的 Alpha 波。

2 深層放鬆

「深層放鬆」(Deep Relaxation)，早於數千年前開始以不同形式出現於不同文化之中，直至六十年代尾由哈佛醫學院教授 Dr. Herbert Benson 作有系統的研究。「深層放鬆」是透過引發一種身體狀態來改變我們對壓力的身心反應，當我們進入深層放鬆時，會有以下的現象：

- 新陳代謝減慢
- 心跳放緩
- 肌肉放鬆
- 呼吸放緩
- 血壓下降
- 心境平和

本章會為大家介紹數個簡單易學的方法，讓大家一步一步進入深層放鬆。如定期練習，會有以下效果：

- 減低整體焦慮
- 預防壓力累積
- 提升動力及生產力
- 改善集中力及記憶
- 減少失眠及疲勞
- 預防或改善壓力導致之身體問題，如高血壓、頭痛、腸胃問題等
- 提升正面情緒

3 深層放鬆第一步

3.1 了解呼吸

呼吸最能反映一個人當下的緊張狀態。當你感到焦慮，呼吸會變得較快而淺，淺呼吸是指你透過運用近上胸的肌肉呼吸。反之，當你感到放鬆，你的呼吸會變得較慢而深，深呼吸是指透過運用近下腹的肌肉呼吸。在你讀下去前，你可以花少許時間留意自己現在的呼吸情況，呼吸節奏很快嗎？一呼一吸時你感到身體哪個部位起伏？上胸抑或下腹？你懂得改變一下自己的呼吸方式嗎？

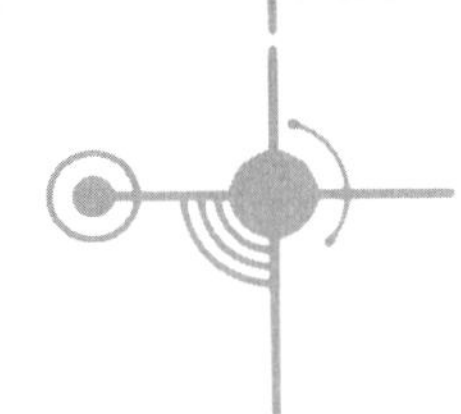

3.2 上胸式呼吸問題

上胸式呼吸較淺，每次吸入氣體分量較少，以致身體要加快呼吸節奏來彌補。呼吸急促令人感到不舒服及緊張；上胸肌肉不停運動，久而久之會帶來肌肉疲勞，所謂「心口壓住」難以呼吸便是與此有關。由此可見，上胸式呼吸不能令人放鬆之餘，亦會令焦慮感上升，有些人甚至長期處於上胸式呼吸狀態而不自覺，令壓力感增加。

3.3 過度呼吸

值得一提，一般人對深呼吸有誤解，以為用力將一大口氣吸入胸部就是深呼吸，其實這想法大錯特錯。有些人更會於焦慮和呼吸不暢順時嘗試所謂「透大氣」和「加快呼吸」，反而造成呼吸過度的問題。

呼吸過度（例如：呼吸太快）令你呼出過多二氧化碳，造成血液內氧氣和二氧化碳失衡，擾亂血液正常的酸鹼度，帶來身體一連串反應，包括頭暈眼花、心跳急促、混亂、有不真實的感覺和感到透不過氣來。這些身體反應和焦慮症狀十分相似，使你錯覺焦慮加劇，於是更用力和更快呼吸，在吸入氧氣的同時，呼出更多二氧化碳，焦慮不安的感覺便迅速上升。

呼吸過度問題常見於驚恐症患者身上。驚恐症患者愈擔心自己失控或斷氣，就愈想嘗試加快呼吸以控制自己，結果弄巧反拙，愈加感到身體不適，誤把身體對呼吸過度的反應看為大難臨頭的先兆，於是引起一連串驚恐症狀、負面思想及逃避行為。

3.4 你的呼吸太快嗎？

大多數有呼吸過度問題的人都不知道自己的問題所在。當你預期將要去面對某些令你焦慮不安的人或事時，你或許會不自覺呼吸過度。在你焦急時，呼吸會稍為加快，而焦慮不安的感覺會上升，結果令你墮入呼吸過度的惡性循環。

當你了解到自己的呼吸問題後，以下為你介紹四種方法，有助逐步改善呼吸方式，達致身體上及精神上的深層放鬆。

4 放鬆吧！

4.1 簡單易學呼吸法

此呼吸練習簡單易學，能幫助你於短時間內進入一個較深層次的放鬆狀態。

1. 首先，透過鼻子慢慢吸氣，嘗試儘量運用下腹肌肉，吸氣時心中慢慢數五下「1……2……3……4……5」；
2. 忍住五下；

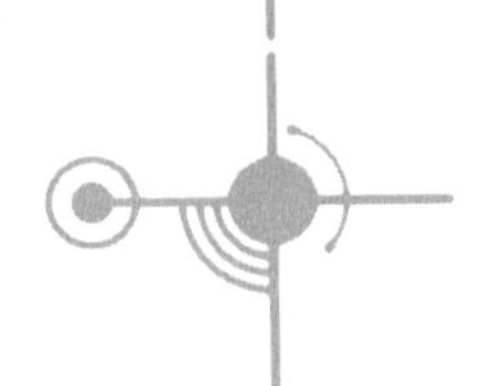

3. 慢慢以口或鼻呼出，心中慢慢數五下或以上，儘量將所有氣體呼出。呼氣時，心裏可想着「放鬆」或「好舒服」等字眼，讓自己的精神和身體集中及享受這個感覺；
4. 呼氣後，以你平常的節奏呼吸兩次，然後再重複步驟 1 至 3；
5. 持續以上步驟 3 至 5 分鐘，大約 10 次上述的循環。

練習祕訣

- 這個呼吸法的重點在於減慢呼吸節奏，令自己放鬆。
- 練習時，要保持心境平和，儘量順其自然。要記住：你並非進行測驗或考試，不用計較表現好壞，只要慢慢嘗試及調節自己的呼吸便可。
- 如你練習時感到暈眩，可暫停 30 秒，然後再慢慢嘗試。
- 呼氣時想着「放鬆」或「好舒服」等字眼，有時光想着這些字眼已經可以幫助自己達致放鬆。
- 如想收效，必須勤於練習，最少持續兩星期，每天最少 5 分鐘。起初於較輕鬆的時候練習，有助你較快「上手」，不斷練習便可以熟能生巧。熟習後便更易於感到焦慮或受壓時運用此技巧來面對。
- 當你重複練習，會慢慢發覺你的呼氣可以更慢更長，這是個好現象。如你持續練習一個月或以上，便可慢慢掌握放緩呼吸及以腹部呼吸的要訣。

4.2 腹式呼吸法

人之所以能夠吸氣，必須透過肺部膨脹來增加容量，吸入空氣。令肺部擴張的方法有兩個：一、透過將胸部肋骨擴張，增加胸腔容量，我們稱之為胸式呼吸。二、透過將橫隔膜下拉以增加胸腔容量，從側面看來就像將肚子脹起一樣，我們稱之為腹式呼吸。

1. 將一隻手輕放在肚子上，另一隻手放在胸上。
2. 用鼻子慢慢吸氣，將吸入的氣體傳到腹部，儘量嘗試將腹部慢慢脹起（就像嬰兒睡覺時小肚子的一起一伏！），你會發覺放在肚子上的手慢慢被肚子頂起，胸上的手卻只有很少的移動。
3. 當你吸了一口氣後，停一會，再用鼻子或嘴慢慢將整口氣全呼出來。呼氣時，可讓身體同時放鬆。
4. 將以上步驟 2 及 3 重複 10 次。為幫助自己記得重複次數，可以於每個循環後由 10 數到 1，即

   慢慢吸氣……停一會……慢慢呼氣……（心數 "10"）
   慢慢吸氣……停一會……慢慢呼氣……（心數 "9"）
   慢慢吸氣……停一會……慢慢呼氣……（心數 "8"）

   直至數到 1，此為一組，如想加長可做三組。練習 5 分鐘腹式呼吸有效舒緩焦慮或驚恐狀態。

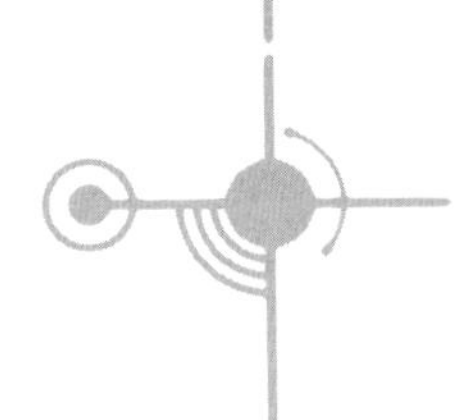

練習祕訣

- 這個呼吸法的重點在於將呼吸調整到一個較深的層次。
- 練習時，心境保持平和，儘量順其自然。你並非進行測驗或考試，不用計較表現好壞，只要慢慢嘗試及調節自己的呼吸便可。
- 如你練習時感到暈眩，可暫停 30 秒，然後再慢慢嘗試。
- 如你慢慢熟習技巧，雙手不用放在胸或腹上，只輕鬆地放在大腿上便可。
- 當你重複練習，會慢慢發覺自己的呼氣可以更慢更長，這是個好現象。

4.3 肌肉鬆弛法

以上提及的鬆弛方法都是一些令你較快達至深層放鬆的方法，若你嘗試以上的呼吸法時覺得難以將肌肉徹底放鬆，就可以練習以下為你介紹的肌肉鬆弛法。

早於 50 多年前，Dr. Edmund Jacobson 的研究發現，先將肌肉收緊數秒，然後再放鬆，可有效達至肌肉鬆弛的效果。持續收緊及放鬆不同肌肉羣組可令人進入一個深層鬆弛狀態。因此，他提倡一套有系統和容易做到的肌肉鬆弛練習。若你覺得自己的肌肉容易繃緊，如頸緊膊痛，這套肌肉鬆弛法對你特別適用，對頭痛、背痛、牙關緊張、失眠等也很有幫助。Dr. Jacobson 曾說「緊張的思想不能存在於放鬆的身體內」，肌肉鬆弛法有助你消除緊張的思維，放鬆心情。

這裏為你介紹的肌肉鬆弛法牽涉到身體 16 組不同部分的肌肉：

1. 先找一個舒適寧靜的環境和時間，安躺或坐於梳化或牀上。

2. 慢慢將呼吸調慢，可運用以上提及的腹式呼吸，讓自己放鬆下來。

3. 開始肌肉放鬆過程，每組肌肉（共 16 組）按以下步驟放鬆

   a 先將該組肌肉收緊（適度收緊便可）大約 10 秒。

   b 然後將該組肌肉放鬆，感受繃緊後即時放開的感覺。

   c 放鬆該肌肉約 15 至 20 秒，同時想着「好舒服」的字眼，感受一下肌肉在收緊及放鬆之間的分別，同時讓全身肌肉也一起放鬆。

   d 移向下一組肌肉，若某組肌肉特別難放鬆的話，可重複步驟 a 至 c 二至三次。

4. 按以上步驟順序放鬆下面 16 組不同的肌肉（如你有某組肌肉受了傷，請跳過該組肌肉）

   a 雙手和下手臂：緊握拳頭

   b 上手臂（前）：手臂提向膊頭

   c 上手臂（後）：雙手伸直

   d 額頭：眼眉向上推

   e 眼：雙眼緊閉

   f 口和顎骨：雙唇緊閉，咬緊牙關

   g 頸：頭向後昂（此動作適宜小心慢慢地做）

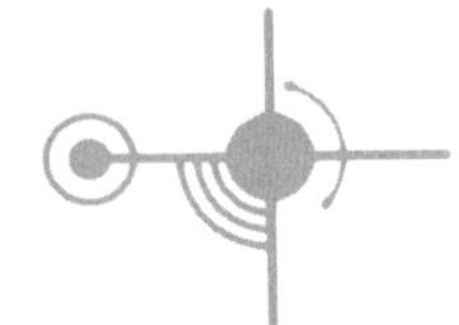

h 膊頭：膊頭提起

i 肩胛骨：膊頭後拉

j 胸：吸氣到胸部，胸部擴張

k 腹：吸氣到腹部，腹部隆起

l 背：背部上彎，像輕微拱橋般（如你有下背痛，可跳過此動作）

m 臀：拉緊臀部肌肉

n 大腿：伸直雙腳，收緊大腿直至膝蓋的肌肉

o 小腿：腳尖指向上

p 腳掌：抓緊腳趾

5. 重新感覺身體每處肌肉，如仍有肌肉未完全放鬆，可針對該組肌肉重複以上動作。

6. 感受全身肌肉鬆弛的狀態。

7. 整個練習大約 20 至 30 分鐘，記着：於過程中不時留意自己的呼吸是否保持在舒服緩慢的狀態。

練習祕訣

- 每天最少練習 20 分鐘。每天練習兩次效果更好，不然也要每天練習最少一次，以達致熟習自如。於起初階段或有需要時，可嘗試每天練習 30 分鐘。

- 找一個寧靜及舒適的地方，儘量避免被騷擾，可以關掉電話的話更理想。
- 定時練習。剛起牀、睡前或飯前是不錯的選擇。
- 避免於進食後練習，因為消化過程會影響鬆弛效果。
- 找一個放鬆的姿勢。最好讓全身每一處都能被承托，躺在牀上或坐在梳化上都可以，記得讓全身包括頭及腳都可被承托。如你感到睏倦，坐着練習比較好，因為躺着練習容易使人入睡，失去感受深層放鬆的好處。
- 將衣物鬆開，如脫去鞋子、手錶、眼鏡、首飾等。
- 暫時放下擔憂，盡情享受放鬆的感覺。
- 保持「順其自然」的心境。練習放鬆不是考試，毋須評核自己的表現。感到放鬆時盡情享受；若暫時未能放鬆，可學習用「放開」的心情來慢慢改善。

4.4 意象鬆弛法

如你已掌握好以上調整呼吸和放鬆肌肉的方法，便可進一步為自己的深層鬆弛添上多一點色彩——意象鬆弛法。

試想像一個令你感到最舒服最平靜的環境。你當然可以憑自己的經驗和喜好去構想，對大部分人來說，一個寧靜的海灘、流水淙淙的河邊、又或者溫暖舒適的睡房都是個好選擇。你的描述愈細緻、旅程便愈精彩、精神愈鬆弛。切忌加入你認識的人、動物、植物或其他心愛物件於其中，以免當你和這些人或物的關係轉變時會影響你的鬆弛效果。

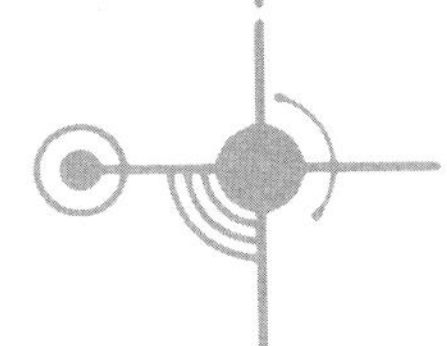

例子

腦袋去旅行

你在哪裏　：　海灘游泳

你看到什麼　：　海中有很多小魚游來游去，水清沙幼

你聽到什麼　：　聽到鳥兒飛來飛去拍翼的聲音和清脆的叫聲

你嗅到什麼　：　嗅到從海洋吹過來海水的味道

你感覺到什麼　：　陽光射在我的頭上，我的身體感到海水的涼快

你會留意到以上的例子集中於身體的感官，你可以借助上面的例子，為自己設計一個意境。你的描述愈詳細、旅程便愈精彩、精神愈鬆弛。

你在哪裏：＿＿＿＿＿＿＿＿＿＿＿＿＿＿＿＿

你看到什麼（如物件、形狀、色彩等）：＿＿＿＿＿＿＿＿＿＿

你聽到什麼：＿＿＿＿＿＿＿＿＿＿＿＿＿＿＿＿

你嗅到什麼：＿＿＿＿＿＿＿＿＿＿＿＿＿＿＿＿

你感覺到什麼（如溫度、物件的質感）：＿＿＿＿＿＿＿＿＿＿

音樂鬆弛法

除了這裏介紹的放鬆方法，不少消閒興趣都有助調節情緒。有研究（Evans, 2002）指出，多聽莫札特的音樂可以減少壓力反應、增強專注力、提升快樂的感覺。不妨安排時間，聽一聽古典音樂或令人放鬆的樂曲，在沉醉音樂的同時又可輕鬆一下。

5 結語

很多人學習放鬆時都會遇到一個弔詭的現象，就是愈叫自己放鬆偏偏愈緊張。其實學習放鬆同樣要學會心情上的「放開」(let go)，讓自己的放鬆自然而來。試想像，若有人用手槍指着你的頭，大聲斥喝你「放鬆」，難道你真的可以即時放鬆下來嗎？所以，練習放鬆時，請不要做你自己的手槍，反而要以正面、順其自然的態度，容許自己慢慢掌握放鬆的技巧，享受精神上和身體上鬆弛的感覺。

在練習放鬆技巧初期，你可每天練習二至三次以達致最理想的鬆弛效果。當你的情緒變得較為安穩時，便可在有需要時隨意挑選一種你認為最能針對當時需要，而環境又許可的方法來練習。除了以上的放鬆技巧外，適量的運動和音樂也可以幫助你放鬆。只要你肯下工夫練習，一定可以有效放鬆身心。

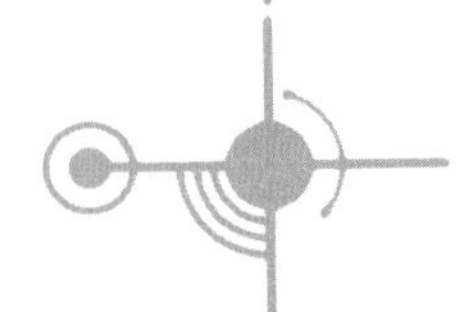

鬆弛練習簿

請在未來四個星期內，每天選擇一種鬆弛的方法，加以練習，並觀察及記錄其效果和可改善的地方（1 為最不能放鬆，10 為最能放鬆）：

	鬆弛練習方法	練習前的放鬆程度（1-10）	練習後的放鬆程度（1-10）	檢討及可改善的地方
星期一				
星期二				
星期三				
星期四				
星期五				
星期六				
星期日				

參考資料

Bourne, E. J.(1990). *The Anxiety and Phobia Workbook(4th Ed.).* Oakland, CA: New Harbinger Publications, Inc.

Benson, H.(1975). *The Relaxation Response.* New York: Morrow.

Benson, H.(1985). *Beyond the Relaxation Response.* New York: Berkley Books.

Evans, D.(2002). The effectiveness of music as an intervention for hospital patients: A systematic review. *Journal of Advanced Nursing,* 37, 8-18.

Jacobson, E.(1974). *Progressive Relaxation.* Chicago: The University of Chicago Press.

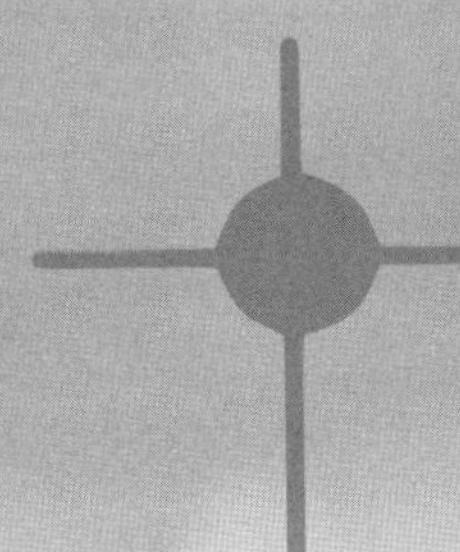

第六章　思想起革命：思維自助法

記住，最具深遠意義的是：你惟一能完全控制的是你自己的心態。

——美國羅斯福總統顧問、著名作家

拿破崙．希爾（Napoleon Hill）

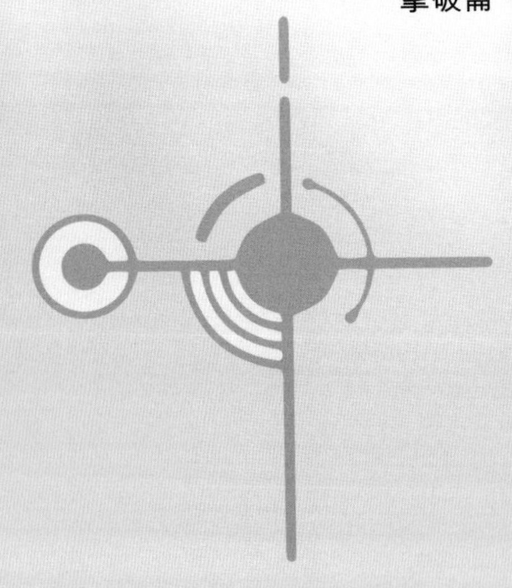

1 思想革命

焦慮情緒與你的思想和信念息息相關，認知治療告訴我們：改變情緒最有效的方法，就是改變自己的想法。在了解何謂思想和怎樣改造思想前，請先看以下一則真實故事：

2007 年 7 月 24 日，心理學大師 Dr. Albert Ellis 去世，他常常喜歡用自己的人生經歷去闡釋他想說的道理。他出生於一個五口之家，三兄弟姊妹中排行最大，可是父母卻在他 11 歲時分開。面對經常出外公幹的父親和不愛留在家中的業餘演員母親，他不但沒有埋怨自己得不到足夠照顧，反而從另一角度發現，自己得到其他青年人少有的自由去嘗試不同的東西。九十四年的人生，他為心理治療界開創一個新的眼界，他所創立的「理性情緒行為治療法」正正講出人對環境的主觀思想如何影響情緒和行為，可謂現今最流行、亦具備有力證據支持其療效的「認知行為療法」的先驅。

的確，同一環境，人可以選擇不同的想法。別輕視想法這回事，皆因怎樣看待一件事情會影響我們的情緒和行為。過去數十年在心理學研究上，思想調整對焦慮的重要性得到驗證和肯定。在這一章，我們將透過深入淺出的方法，幫助你運用不同的思想改造技巧來面對焦慮。

武俠劇中常見主角學習絕世武功前先要練好紮馬，小孩學走路也要先從爬行開始。學任何一種技巧前都要打好根基，往後便能得心應手。以下為你介紹三招思想改造基本功，讓你先行練習。

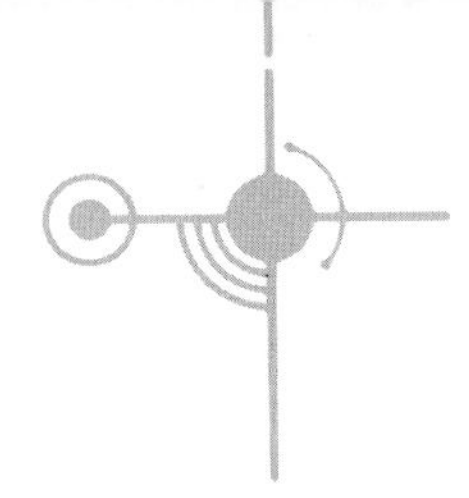

2 改造思想基本功

第一式 完全信任你的主觀想法？

請看看以下圖片，有一條 A 線和一條 B 線，你認為哪一條較長呢？

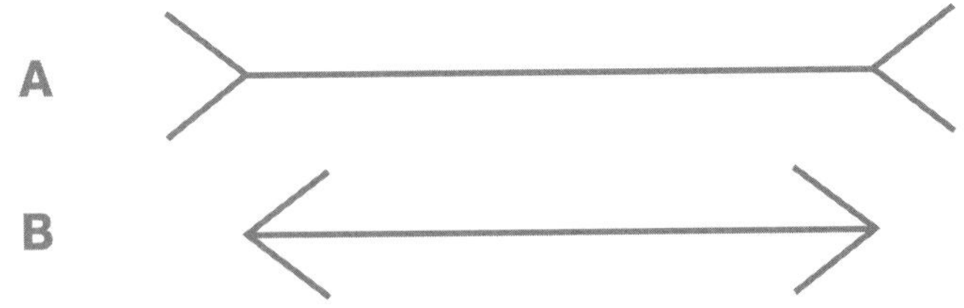

答案：A 線和 B 線一樣長。如果你不相信，可以拿一把直尺量一量，就會知道人的眼睛有時並不可靠。

從以上這個簡單但有趣的心理現象，可看出人的主觀想法和事物的客觀情況有着一定距離。出現這樣的一個落差，原因在於人會受不全面或誤導性的資料所影響，情況就如你被上圖直線兩端的箭嘴誤導一樣。

我們看事物的方法會受觀點與角度影響，個人的經歷或當下的心情總會給我們套上一些框框，令自己的想法不夠全面和客觀。譬如焦慮緊張時，我們便傾向注意環境中自己覺得危險的東西，亦會將事件的後果災難化。這些想法有時出現太快，連自己也不察覺，甚至自己也會覺得理所當然。**故此，要改善自己的想法，就要抱持開放的態度，接受自己看待事物的主觀性，然後逐步尋求較客觀及對自己有幫助的思想模式。**

第二式　你知自己在想什麼嗎？來！捉住自己的思想

如果你有駕駛經驗，會明白什麼叫熟能生巧。當你起初學習駕車時，要緊緊牢記每一個動作。可是，當這些運作次序慢慢上手並自動化起來，你就可以一邊駕車一邊分心做其他事，情況有如我們學走路、學游泳、學習不同語言一樣。同樣地，你的思想也會自動化。**因此，若你想改變引起焦慮的想法，第一件事就是要知道自己的思想**。下一節會詳細教你如何捉住自己的思想。

第三式　為何要調整思想？思想和焦慮的關係

我們的行為、思想和情緒是互相影響的。相信大部分人都曾被困升降機，不同的人會有不同反應：有的會感到很驚慌，不知如何是好；有的會很憤怒，抱怨為何出現這種情況；有的卻可以保持鎮定，慢慢想出求救的方法。雖然大家都面對同一處境，但各有不同的情緒反應。認知學派認為不同想法是關鍵所在：當你以為被困升降機是由於意外，如火警等，你自然會感到驚慌；當你想到被困升降機會令你上班遲到，你自然會着急，甚至感到憤怒；但若你想到橫豎機器故障常有發生，並不代表會有什麼意外，你便可保持冷靜，耐心地等待救援。由此可見，**同一情況出現不同情緒反應，跟一個人怎樣理解當時的環境有密切關係。**

焦慮的情緒通常和焦慮型思想有關。「焦慮型思想」關乎對危險的看法，大致可分三類：

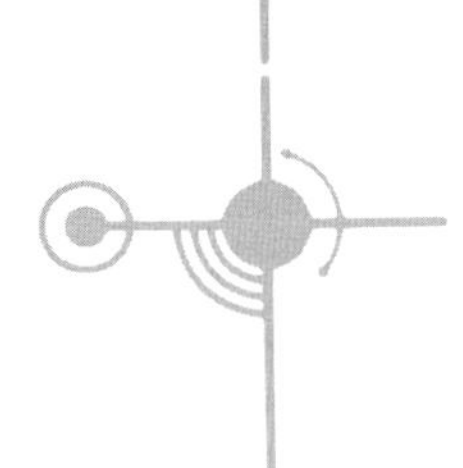

(1) **認為事件極可能朝負面方向發展**：一個易焦慮的人，遇上事情，總會向壞的方面想。如求職面試時，總想着表現不好以致失敗，多於成功；

(2) **將事件後果災難化**：焦慮的人甚至會將負面後果想得很嚴重。如面試表現差的話，自己可能會在人前出醜，被人嘲笑，家人朋友知道後會認為自己是個無用的人；

(3) **小看自己應付問題的能力**：例如面試遇到較難答的問題時，會低估自己應付的能力。

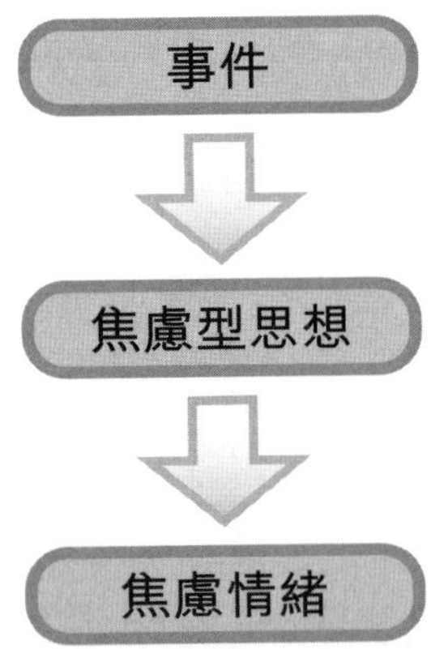

由於出現以上想法，焦慮的人會本能地保護自己，做出一些逃避行為，可是**逃避只會令自己更確信事件的嚴重性**（「幸好能逃避，否則後果不堪設想」），**或者加強自己無用的想法**（「我真的不能面對及應付，只好逃避」），造成惡性循環。另一種行為是「尋求安全行為」（safety-seeking behavior），即過分做一些不必要、卻又可讓自己感到安心的事，如面試時常看着面試員的一些細微表情，想看出對方的想法以尋求安心。可是留意這些無關重要的細節，只會令你不能集中於自己想表達的，最後導致表現失準，讓一直最擔心的失敗成真。

3 調整思想步驟

掌握了基本功後，我們就可以學習調整思想，主要有以下三個步驟：

步驟一　捉住思想（我在想什麼？）

所謂「知己知彼，百戰百勝」，要處理焦慮，就要先認識令人焦慮的想法。你可能會問：「我自己在想什麼，難道不是我最清楚嗎？」這問題問對一半，問錯一半。沒錯，沒有人可以比自己更清楚自己的想法，卻不一定每個人都完全了解自己的想法，並能作適當的分析。

若想有系統地記下自己的想法，你可以使用下文的「想法紀錄表」，當中有四欄，分別為「日期」、「情況」、「想法」和「情緒」。你可以按以下步驟去記錄自己的想法：

(1) 留意當時情況

首先，你要嘗試找出使你焦慮的誘因。例如：什麼時候？什麼地方？你正在做什麼？與什麼人在一起？

開始的時候，你可能未能立即察覺到焦慮情緒的轉變，但你要像偵探一樣，細心查探。通常於以下情況你會較易找到自己的焦慮思想：

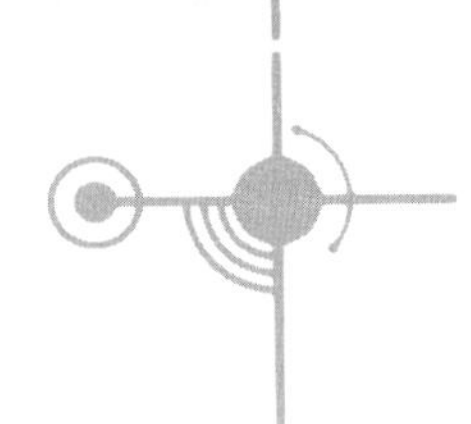

- 任何時候發現自己身體或情緒上有緊張甚至恐慌的反應；
- 當你正準備面對困難或令你恐懼的情況；
- 當你犯了錯或為自己做了不當的事而擔心不已的時候。

請於「想法紀錄表」**日期/時間及情況兩欄**記下該情況的有關資料。

(2) 留意情緒反應

以你經驗焦慮時的第一個印象為準，填寫「想法紀錄表」**情緒欄**，評估你的焦慮程度。用「0」表示完全沒有焦慮，「100」表示你想像中最強烈的焦慮。

嘗試找出並記錄其他情緒（如有的話），雖然我們大部分時間都在談論焦慮情緒，但仍可能有其他情緒在困擾着你，也可用 0 至 100 來評估你的情緒。

(3) 停一停，想一想，將想法記錄下來

想法是一些很自動和迅速出現在你腦海的東西，形式可以是一句關於你自己、周圍的人和事、或將來可能發生的情況的句子。除了以文字方式出現外，思想更可以透過影像或圖片方式呈現，可能是你最擔心會發生的情況的影像。想法通常會一閃即逝，但當你慢慢提升了自覺性，便能夠捕捉到這些想法。

面對焦慮，問一問自己以下的問題：

- **我的腦海中出現了什麼？**
- **我在想什麼？**
- **我的腦海中有沒有出現任何影像？**
- **我想像最壞的情況是什麼？**不要害怕想像最壞的情況，當你的想像愈真實，你便愈能夠看清楚自己把事情災難化的程度，這更有助你做風險評估和處理情況。

你可將找到的思想記錄於「想法紀錄表」中**想法**一欄。能夠於焦慮時即時反思及記錄自己的情緒最為理想，故此我們建議你將「想法紀錄表」隨身攜帶以便隨時作記錄。若不可行，也請儘量將自己的想法牢記，然後於適當時候填寫。

找到想法時，請為它加上一個分數（0 至 100），這分數代表你對這想法的相信程度，它的真確性或發生的可能性。0 分代表你並不相信，100 分代表你完全相信。

注意

請緊記思想和心情的分別，此練習希望記下的是思想，而非心情。你可以想想自己的心情，然後才發掘是什麼思想令你有這樣的心情。通常關於心情的字眼有「驚」、「緊張」、「不安」、「擔心」等，關於思想的就沒有以上字眼，反而多是對事情的想法或看法，如「我覺得我會失敗和被人取笑」就是一種思想，這思想帶來的心情是「擔心」和「緊張」；而「我好驚會患上不治之症」則包含了心情「驚」和思想「我會患上不治之症」，應將其分開記錄。

想法紀錄表（例子）

日期 / 時間	情況	想法
	1. 什麼時候？什麼地方？ 你在做什麼？有什麼人在場？ 2. 什麼事導致不快的情緒？ 3. 身體上有什麼不舒服的感覺？	1. 我的腦袋正在想什麼？ 2. 什麼是我所擔心最壞的情況？ 3. 當時我相信這些想法的程度有多少（0-100）？
例（一）		
3/3/2008 星期一 8:15 am	早上離家上班 出門後至乘車途中 腦海充斥憂慮 坐立不安	我關門沒有？我可能未將門關好！（80 分） 若未關好，萬一有賊怎麼辦？ 家裏會被大肆破壞！ 到時又要報警又要執拾…… 若果我回家時賊人還在， 後果不堪設想！（60 分）
例（二）		
7/3/2008 星期五 9:00pm	巴士車廂中 周圍坐滿回新界的乘客 於開始進入公路後感到暈眩	身體有暗病？（60 分） 擔心當場暈倒、失去知覺（80 分）、 甚至死亡？（30 分） 有沒有人留意到我？ 如果有便很尷尬！ 想離開又沒有中途站！ 如果真的暈倒， 其他人一定以為我有問題！ （70 分）

情緒
1. 當時我的焦慮情緒怎樣？ 2. 此情緒的強烈程度有多少（0-100）？ 3. 有否其他情緒？它們的強烈程度如何（0-100）？
不停憂慮，難以控制。(80 分)
心跳加速、愈跳愈劇烈、呼吸急促、手心冒汗。(70 分)

步驟二 檢討思想（我這樣想對嗎？）

最有效處理焦慮思想的方法就是分析其客觀性，檢討它是否符合客觀環境。首先，將你記錄下來的思想，用以下問題檢視一下：

- 這個想法有什麼**證據**支持？又有什麼證據反對？
- 這個想法是否任何時候都正確，有否**例外**的情況？
- 這個想法真會發生（或正確）的**機會率**？
- 這情況**最壞時**會如何？就算最壞情況真的出現有什麼**問題**？你可以怎樣**面對**？
- 這個思想是否已顧及**全面**情況或看到的只是**片面**？
- 這個思想是否夠**客觀**？
- 這個思想帶來的**好處**和**壞處**？
- 你是否帶有哪種**錯誤**的想法？

步驟三 調整思想（我還可以怎樣想？）

就以上步驟二的思想檢討，除你自己的想法外，你可以找出一些較客觀、較近乎實際情況或令你較安心的想法嗎？你可以用以下問題來幫助自己找出比焦慮想法更恰當的想法：

- 你現在面對的情況，有否一些其他**解釋**？
- 你面對的情況，**最好**的後果是怎樣？**最有可能**的後果又是怎樣？
- 若果**最壞**的後果真的出現，你可以怎樣**應付**？有沒有其他人或做法可助你解決？

- 改變這些自動想法的**後果**是怎樣？
- 如果你的朋友處於同一處境，你會怎樣**勸告**他？

以下的「調整想法紀錄表」，其實是「想法紀錄表」的延伸，不過加上了**檢討和調整**及**結果**兩欄。你可以將以上檢討及調整思想的結論寫於**檢討和調整**一欄，並找出一個新的客觀想法，再給它一個分數（0 至 100），以表示你相信它的程度。最後請於**結果**一欄，重新評估你的焦慮程度和想法。

經過「調整想法紀錄表」的練習後，雖然未必能完全消除你所有焦慮，但你的焦慮程度應該可以因思想的調整而減低。若想得到最佳效果，你必須經常做這個「思想健身操」，漸漸地你就能享受到思想革命的好處。

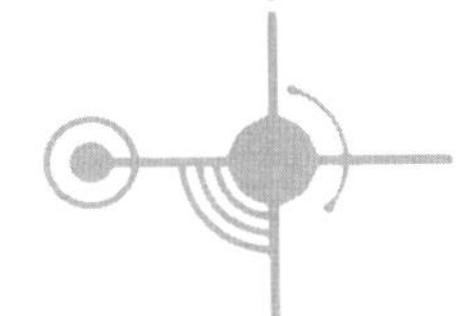

調整想法紀錄表（例子）

日期／時間	情況	想法	情緒
	1. 什麼時候？什麼地方？你在做什麼？有什麼人在場？ 2. 什麼事導致不快的情緒？ 3. 身體上有什麼不舒服的感覺？	1. 我的腦袋正在想什麼？ 2. 什麼是我所擔心最壞的情況？ 3. 當時我相信這些想法的程度有多少（0-100）？	1. 當時我的焦慮情緒怎樣？ 2. 此情緒的強烈程度有多少（0-100）？ 3. 有否其他情緒？它們的強烈程度如何（0-100）？
例（一）			
3/3/2008 星期一 8:15am	早上離家上班 出門後至乘車途中 腦海充斥憂慮 坐立不安	我關門沒有？ 我可能未將門關好！ （80 分） 若未關好，萬一有賊怎麼辦？家裏會被大肆破壞！到時又要報警又要執拾……若果我回家時賊人還在，後果不堪設想！（60 分）	不停憂慮，難以控制。 （80 分）
例（二）			
7/3/2008 星期五 9:00pm	巴士車廂中 周圍坐滿回新界的乘客 於開始進入公路後感到暈眩	身體有暗病？（60 分） 擔心當場暈倒、失去知覺（80分）、甚至死亡（30分）？ 有沒有人留意到我？如果有便很尷尬！想離開又沒有中途站！如果真的暈倒，其他人一定以為我有問題！（70 分）	心跳加速、愈跳愈劇烈、呼吸急促、手心冒汗。（70 分）

	檢討和調整	結果
	1. 我犯了什麼錯誤的想法？ 2. 運用表後的問句組成更客觀的新想法。 3. 我相信每個新想法的程度有多少（0-100）？	1. 我現在相信最初想法的程度有多少（0-100）？ 2. 我現在的焦慮情緒怎樣？強烈程度有多少（0-100）？ 3. 我可以怎樣做以應付這情況？
	門未關好的機會率其實不高，可能我太習以為常，以致記不起自己關門的情況，才以為自己未關好門。(80 分) 就算門沒有關好，賊人亦不會預早知道，亦不一定會路過我家。(70 分) 即使門關好了，也可以有賊光顧。(80 分)	我關好門……將門關好（80 分 => 40 分） 若未關好，萬一……不堪設想！（60 分 => 30 分） 焦慮減低至 40 分。 我可以嘗試放開憂慮，如常乘車上班。
	暈眩可能因為暈車浪所致。(70 分) 身體反應時有轉變，實屬正常，不一定代表身體有問題。(60 分) 其他人可能都在專注各自的事，就算他們見到我的反應都不一定會覺得很奇怪，因為暈車浪其實很普遍，他們可能都曾親身經歷，沒什麼大不了。(80 分)	身體有暗病？（60 分 => 20 分） 擔心當場暈倒、失去知覺（80 分 => 30 分）、 甚至死亡（30 分 => 10 分）？ 有沒有人留意到我？……中途站（70 分 => 30 分） 焦慮減低至 30 分。 我可以嘗試放鬆自己，閉目養神。

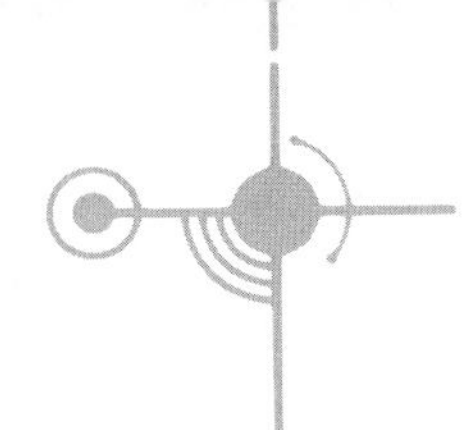

注意

有助組成更客觀想法的問句：

- 這個想法有什麼**證據**支持？又有什麼證據反對？
- 這個想法真會發生（或正確）的**機會率**？
- **最壞**的後果會如何？我能夠應付嗎？**最好**的後果又會如何？**最有可能**的後果是怎樣？
- 這個思想帶來的**好處**和**壞處**？**改變**這些自動想法的後果會是怎樣？
- 對於這情況有否一些**其他的解釋**？
- 如果你的朋友處於同一處境，你會怎樣勸告他？

4 處理憂慮

「我不能夠好好享受與子女一起的時間，因為我常常感到非常憂慮。」

「工作上很小的事都會使我整個人緊張起來，擔心不已。」

憂慮或擔心是焦慮的孿生兄弟，基本上屬於較負面的思想模式，這一點在患上廣泛性焦慮症的人身上，至為明顯。他們通常只看到事情最壞的一面而不停憂慮，以致他們常處於緊張不能放鬆的狀態。其實，憂慮和擔心是每個人都有的正常情緒，你可嘗試用以下步驟來處理憂慮：

步驟一　有系統地記錄那些使你憂慮的事情（使用「想法紀錄表」）

(1) 每當你發現自己憂慮的時候，你便要立即記錄下來。

(2) 你要記下日期、時間、地點、什麼事使你憂慮和憂慮的程度、以及你做了些什麼（如果有的話）。

(3) 一個星期後，把你寫下的憂慮回顧一遍。問自己以下兩個問題：

- 使我感到憂慮的通常都關於什麼？是否我所有的憂慮都與工作有關？家庭？過去？將來？疾病？
- 我的憂慮有多少最終變成事實？（例如我是否真的被解僱？）請反省你的憂慮有多少是過分和不客觀的。

步驟二　學習分辨「正常的擔心」和「過度的憂慮」

(1) 當你在步驟一找到使你感到憂慮的主題後，只須記錄那些與這個主題有關的憂慮事件。

(2) 在一個星期之後，把你寫下的憂慮事件回顧一下。問自己以下兩個問題：

- 這些憂慮事件是「正常的擔心」抑或「過度的憂慮」？請分辨有用的擔心與沒有建設性的過度憂慮。數一數哪些是「正常的擔心」？哪些是「過度的憂慮」？

- 怎樣可以把「過度的憂慮」轉為「正常的擔心」？

步驟三 設定「憂慮時間」

利用步驟一和二來選擇一項值得擔心的事情，每天用 20 至 30 分鐘作「憂慮時間」，可以是一段你不需要為其他事費神的時間。例如：坐車時或下午茶時段。

(1) 在**「非憂慮時間」**內

- 將憂慮延遲至「憂慮時間」去；
- 在「非憂慮時間」時段，不要被憂慮所困擾，嘗試把問題放下，提醒自己把問題留到「憂慮時間」才去擔心；
- 這不是一個完美的解決方案，但通常可以幫助我們控制憂慮的時間。

(2) **「憂慮時間」**內才憂慮

- 在「憂慮時間」內，讓自己憂慮所擔心的事情（如你覺得有需要），儘量以一個解決問題的角度去憂慮；
- 請於「憂慮時間」完結時同時完結你的憂慮。

(3) **檢討成效**，請留意：

- 自己的憂慮在「非憂慮時間」內是否真的不受控制？
- 當你容許自己於「憂慮時間」內盡情憂慮時，是否覺得真的需要過分憂慮？

- 如果你持之以恆，相信可以漸漸發現成效，減少憂慮所佔的時間，甚至發現憂慮其實不足為懼。

當然，最重要還是運用前面的「調整想法紀錄表」來分析和調整自己過分憂慮的想法，「憂慮時間」只是輔助性的策略而已。

5 結語

思想是調節焦慮情緒的一條鑰匙。只要你透過本章介紹的方法，掌握引發或維持焦慮的想法，加以檢討和調整，以理性客觀的態度來對待現實，不少焦慮情緒其實都可以受到控制。當然，要做到這點，你須多加鍛煉自己的思維，查找錯誤失實的想法，對現實作出正確的詮釋。所謂功多藝熟，只要你有毅力和耐性去「練功」，假以時日你自然能夠掌握改變想法的技巧。

核心信念

當你運用本章的「想法紀錄表」一段時間後，你會發覺有某類錯誤想法經常出現，它們可能反映你一些與焦慮有關的核心信念。請在下面將它們列舉出來，然後運用以上介紹針對思想的檢討和調整方法，審視這些核心信念的客觀性。

例子

錯誤想法

1. 我從沒有做過這類工作，我一定不能勝任。
2. 上司總是喜歡與其他同事接觸，而對我卻顯得冷淡，他一定覺得我工作表現不理想，所以才這樣對我。
3. 我學習新的事物和技巧總是不及別人快，我真是無用。

核心信念

1. 我的能力總是比別人低。
2. 我是個無用的人。

你的錯誤想法

1. ______________________

2. ______________________

3. ______________________

你的核心信念 ______________________

檢討和調整核心信念 ______________________

調整想法紀錄表

日期 / 時間		
情況	1. 什麼時候？什麼地方？你在做什麼？有什麼人在場？ 2. 什麼事導致不快的情緒？ 3. 身體上有什麼不舒服的感覺？	
想法	1. 我的腦袋正在想什麼？ 2. 什麼是我所擔心最壞的情況？ 3. 當時我相信這些想法的程度有多少（0-100）？	
情緒	1. 當時我的焦慮情緒怎樣？ 2. 此情緒的強烈程度有多少（0-100）？ 3. 有否其他情緒？它們的強烈程度如何（0-100）？	
檢討和調整	1. 我犯了什麼錯誤的想法？ 2. 運用頁 142 的問句組成更客觀的新想法。 3. 我相信每個新想法的程度有多少（0-100）？	
結果	1. 我現在相信最初想法的程度有多少（0-100）？ 2. 我現在的焦慮情緒怎樣？強烈程度有多少（0-100）？ 3. 我可以怎樣做以應付這情況？	

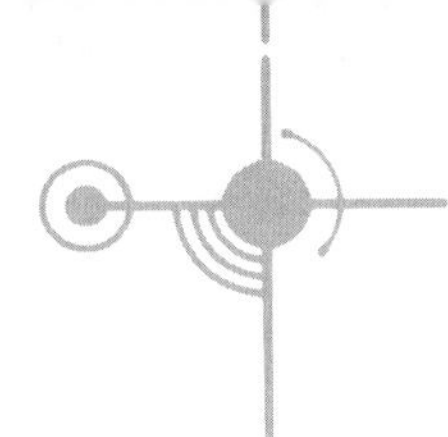

參考資料

Beck, J. S.（1995）. *Cognitive Therapy: Basics and Beyond.* New York: Guilford Press.

Bourne, E. J.（2005）. *The Anxiety & Phobia Workbook（4th Ed.）.* Oakland, CA: New Harbinger Publications, Inc.

Kaufman, M. T.（2007）. Albert Ellis, 93, Influential Psychotherapist Dies. *The New York Times.* Retrived from the World Wide Web: http://www.nytimes.com/2007/07/25/nyregion/25ellis.html

Wells, A.（1997）. *Cognitive Therapy of Anxiety Disorders: A Practice Manual and Conceptual Guide.* Chichester: Wiley.

第七章　擁抱挑戰：行為自助法

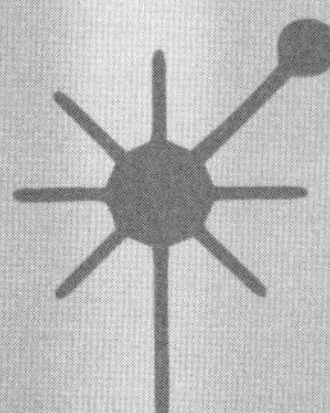

人生要不是大膽地冒險，便是一無所獲。

——教育家

海倫·凱勒（Helen Adams Keller）

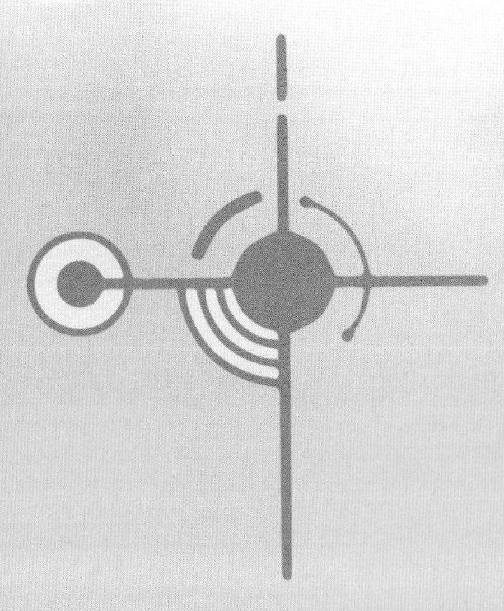

認知行為治療與接受和承諾治療乃當今兩種主要的焦慮治療方法，它們不約而同強調面對、不逃避在焦慮治療中的重要性，其實逃避只會令焦慮問題變得複雜：焦慮往往叫人害怕，但愈是逃避，焦慮的感覺就愈增加，結果令自己落在惡性循環中，逃不出來。其實人生旅途多挑戰，一味逃避絕非良策，這章會為你介紹有效面對焦慮的「暴露療法」。若想克服焦慮，實際的行動與前章的思想革命一樣重要。

1 來吧！焦慮

「三年前我曾於乘坐巴士時在隧道內大塞車，從此不敢再乘坐巴士穿過隧道了。」

「我一直覺得自己不善辭令，在人前表達自己更會感到很焦慮，在公司開會時很少發表意見，儘量逃避向客人作口頭報告。」

當我們面對一些令人感到焦慮的情況時，出於本能反應，我們會傾向逃避，但逃避往往帶來惡性循環，令焦慮問題持續。最能解決焦慮問題的策略，莫過於直接面對它（exposure，即「暴露」），讓焦慮反應慢慢減弱（即 desensitization 或 habituation）。很多有焦慮問題的朋友，起初聽到這個治療方法，第一個反應就是認為自己無可能直接應付那些情況。其實只要依着以下步驟，有系統地一步一步面對自己的焦慮，便會發現有效之處。這套以直接面對焦慮情況來處理焦慮的方法，臨牀上被稱為「暴露療法」（Exposure Therapy）。

暴露療法的理論基礎，在於認為焦慮問題源於一種從某情況學習而來的過敏反應。例如有一天你被頭惡狗咬傷，基於本能，你會產生一種過敏反應。甚至在一些客觀上安全的情況下，如路經寵物店，你都會因對狗的聯想而產生焦慮。焦慮的感覺往往令人極力逃避，錯過機會去習慣面對所恐懼的事物，更會增強對該事物的負面想法。

暴露療法可以打破引起焦慮的情況與焦慮反應之間的心理連結，帶來心理上的正面效果。若要將這個連結打破，我們必須把一種新的心理反應（如較放鬆的心理反應）連結到之前令你焦慮的情況。起初於較易應付的焦慮情況開始，可令你更熟習整個暴露療法的過程，掌握了基本技巧及建立信心後便可將難度提高。只要持續練習，你的焦慮和恐懼程度便可大大減輕。以下「面對焦慮」的方法就是基於上述理論基礎而設計。

讀完以上介紹，你願意擁抱這個挑戰嗎？我們同意面對焦慮不是件易事，但亦非不可能。如你願意接受挑戰，請緊記以下兩個重點：

（1）**勇於嘗試**：要開始面對自己逃避多時的情況，你要有心理準備接受起初的不安感。只要你按以下步驟去做，整個練習都是安全的。

（2）持久練習：重新面對令你焦慮的情況，必須按部就班，給予自己足夠時間去克服這些情況。就算過程中有起有跌，最重要是提醒自己要有恆心，不要輕易放棄。正如美國籃球界天皇巨星米高佐敦所言：「我接受失敗，但無法接受不作嘗試。」

2 「面對焦慮」的三個階段

階段一　訂立具體明確的目標

你希望完成練習後，自己可以做到哪些以往因恐懼而做不到的事情呢？開始練習前，要為自己訂立目標。目標應該清晰明確，例如「獨個兒駕車由大圍沿吐露港公路去大埔」，比「不再懼怕於高速公路駕駛」更清楚明確。假如你的目標多於一個，你可以將每個目標逐一寫下，為每個目標設一個時限。你更可以嘗試訂立不同的長期和短期目標。

請把你的目標填入下表，你也可根據自己的需要，為不同的目標設定期限。

期限	目標
三個月內	
半年內	
一年內	

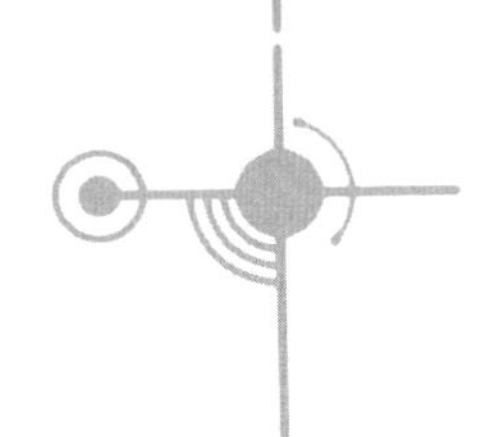

階段二　替焦慮分級

按每一個目標，想像一些性質類似、而焦慮程度較輕微的情境，把這些情境細分為不同焦慮程度的等級。這些情境必須有助你達到目標。譬如你的目標是「獨個兒乘坐巴士穿過大老山隧道」，你可以先考慮一些類似，但焦慮程度較輕的情況，如「觀看乘車經過隧道的網上短片」、「與友人乘坐巴士穿過較短的隧道」和「獨個兒乘坐巴士穿過較短的隧道」等。以下是將焦慮程度分級別的基本步驟，當你閱讀這些步驟時，可同時參考下頁的「焦慮分級表」。

步驟 1：選取一個終極目標。如「獨自於超級市場購物」、「獨個兒乘升降機到位於廿六樓的辦公室」、或「開會時匯報工作進展」。把終極目標放於分級表的最高位置，這些目標的焦慮程度通常介乎 90 至 100 分。

步驟 2：想像為自己訂下的目標，邁出微小的一步，這一步對你來說不算難，但有少許挑戰性。如你的目標是「獨自於超級市場購物」，你可以考慮先到達超級市場門口停留 1 分鐘然後回家。如你的目標是「完成開會時匯報工作進展」，你可以考慮於家中獨個兒模擬開會匯報的情況。如以 0 至 100 分來表達焦慮程度，這些情況通常介乎 5 至 10 分。

步驟 3：試運用你的想像力，**設計六個或更多的中間步驟**，然後給每個步驟 0 至 100 的分數以表達其焦慮程度。將以上步驟順序放於分級表中。訂立中間步驟時，你可參考以下的「時間、人物、地點」原則：

時間：如焦慮過程的長短、進行情況的時間（上午？黃昏？晚間？）

人物：獨個兒或有人陪伴？周圍環境人多或人少？

地點：離最焦慮情況的遠近？與該情況的距離有多遠？

焦慮分級表（例子）

終極目標	開會時匯報工作進展
焦慮程度（0-100）	**焦慮情況**
100	開會時匯報工作進展
95	
90	於會議室與相熟同事模擬開會匯報
85	
80	獨個兒於會議室模擬開會匯報
75	
70	
65	於其他同事匯報工作進展時給予意見
60	
55	
50	於公司找相熟同事模擬開會匯報
45	
40	
35	於家中向家人模擬開會匯報
30	
25	
20	於家中向家人發表一分鐘講話
15	
10	
5	於家中獨個兒模擬開會匯報

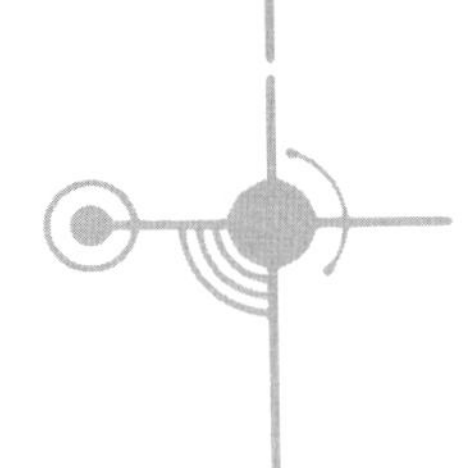

階段三 面對焦慮

填好焦慮分級表後，可以開始練習直接面對焦慮（即暴露過程）。由最低焦慮程度的情況開始，一步一步提升層次。每一次按以下的程序來練習：

(1) 進入情況，感受焦慮

剛開始練習時，應從最低焦慮感的情況開始。當你經過這些情況，可以開始進入較高焦慮感的狀況，開始時你會感到不舒服，這時切記要忍受，容許自己的焦慮感上升。如以 1 至 10 分來表達焦慮程度的話（1 分是些微焦慮、10 分是極度焦慮），你的焦慮程度通常會在 1 至 4 分之間。假如你的焦慮持續於 5 分或以上，你感到的焦慮過度強烈和不受控時，請進入下面描述的暫停步驟。如果你只是感到少許不舒服，或認為可以承受，就讓自己**繼續處於該情況，直至焦慮程度慢慢下降，耐心地給予自己足夠時間，讓焦慮感慢慢散去**。當你練習面對這些焦慮情況時，可以運用第五章介紹的鬆弛技巧，增強自我控制感，減低焦慮感。

(2) 當感到焦慮過度強烈和不受控時，請暫停

請緊記，暫停不等於逃避。暫停是指暫時離開該情況一會，直至感到平復一點，再儘快回到該情況。**面對焦慮的重點，在於主動接觸令自己感到焦慮的事，所以要盡你所能，讓自己處於該情況，感受焦慮的轉變和等候焦慮感下降**。若果你真的感到焦慮過度強烈和不受控（即焦慮持續於 5 分或以上），可以暫停。如你正在練習獨個兒留在停頓的升降機中，你可以嘗試暫停練習，離開升降機，待在大堂一會後再練習。假如你正在超級市

場內排隊，可以暫時離開隊伍，於附近站一會後重新嘗試。假如正乘坐巴士經過隧道，當然不能即時下車，但你可以閉起雙眼，想像一個輕鬆舒服的環境。當你感到好一點時，儘快重回練習，集中精神面對隧道內乘坐巴士的情況。

(3) 恢復穩定

無論你持續於該情況或暫停後重回該情況，都應該保持耐性，給予自己足夠的時間讓焦慮下降，恢復情緒上的安穩。

(4) 繼續

當你回到安穩的情緒，成功克服焦慮後，可嘗試提升到下一層次，進而面對更高的焦慮程度。若未能完全克服當前情況，你可能要重回低一級的情況再練習，但不要感到氣餒，因這是「面對焦慮」練習經常會出現的情況。只要保持恆心，反復嘗試，必定會嚐到成果。

3 有關「面對焦慮」的疑問

不少人初聽「面對焦慮」這個方法時都感到懷疑，以下我們會解答你有可能想到的問題。

(1) 我一直想開始直接面對及克服焦慮，但總是很難踏出第一步！

踏出第一步的困難絕對可以理解，因為你希望面對的正是已逃避多時

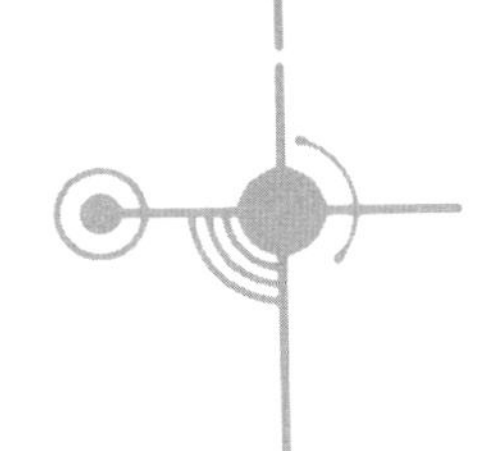

的情況。很多成功運用這方法的人都發現，未開始前的忐忑和焦慮往往比直接面對時的恐懼更強烈；到實際面對時他們會發現，其實並沒有想像中恐怖。我們建議你可以選擇一個較簡單及容易應付的第一步，以熟習各步驟，先感受成效。一旦你開始了，就會發現繼續下去並非這樣困難。

(2) 我於某個步驟停滯不前，已經反復嘗試還是失敗，怎麼辦？

如上文提及，你可以嘗試重回前一級再重新面對。如前一級已經成功克服，但始終不能更上一級，就應檢討一下這兩級的差距是否太大。你可以嘗試於兩級之間加入一些中間步驟。如上面提及的焦慮分級表例子，若你已成功克服「於公司找相熟同事模擬開會匯報」，卻始終未能「於其他同事匯報工作進展時給予意見」，你可先嘗試運用下面環節所介紹的「意象面對焦慮法」，「想像自己正在公司會議中發表意見」時的情景，成功後便可嘗試於其他同事匯報工作進展時給予意見。

(3) 進入焦慮情況後，我的焦慮會否一直上升，不會下降？

愈深入焦慮情況，焦慮感愈強烈，這是很自然的現象，但這並不代表情況會一直惡化。相反，焦慮感增強代表你真的找到問題所在，而且正主動解決。我們刻意讓焦慮感上升，目的是為了尋找方法讓其自然消退。每一刻的焦慮感覺都意味着你正在慢慢熟習這感覺。請緊記，沒有焦慮感覺可以永遠持續，它始終會過去。若你處理得當，焦慮感會於上升後慢慢消退。當然，如你感到焦慮上升至過分強烈時，你可以暫停，讓自己暫時休息一下。

(4) 我應該多久進行一次練習，每次要花多少時間？

「面對焦慮」練習不是比賽，沒有誰快誰慢之分。你可以建立自己的節奏，定下一個練習頻率來練習。一星期練習三次是個不錯的練習頻率。每次練習最起碼要進入一次焦慮情況，並且預備足夠時間讓自己穩定下來。如你能用一段較長的時間，反復練習面對同一情況，效果會更理想。當然，你不應強迫自己在感到乏味或勞累時堅持練習，過分強迫自己會減低你的動力。

(5) 我希望找一位可信任的朋友或家人陪我練習。我應該怎樣跟他們解釋這套方法，而他們又須注意什麼呢？

克服焦慮的最終目標，是能夠獨個兒面對引起恐懼的情況，但處於練習的樽頸位置時，有一位可信任的人在身邊陪同可以幫助不少。要令他們明白「面對焦慮」這練習，你可以將本書給他們看，也可以邀請他們幫助你設計焦慮分級表。你可以提醒他們，他們的角色是陪伴、鼓勵和支持，但絕不是勉強你。所有嘗試都應出於自願，選擇進入哪個情況或何時暫停，該由你自己決定。你可告訴他們在你進行練習時他們可做些什麼，譬如站在你身邊、跟在後面、或者握着你的手等。成功後，給自己或陪伴者一個小小的獎勵，如一個擁抱、一頓晚餐、又或簡單如一件小吃，都可以提升大家的樂趣和動力。

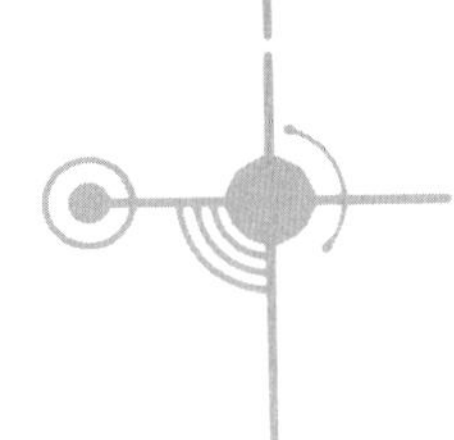

(6) 我要克服的焦慮並不能經常於日常生活中遇到（如乘坐飛機，或擔心未發生的事），我該怎麼辦？

你可以運用下一節介紹的「意象面對焦慮法」來應付這些情況。「意象面對焦慮法」和上述步驟大同小異，都要訂下目標和設計「焦慮分級表」，不同處在於「意象面對焦慮法」是運用你的想像力，協助自己面對該情況下的焦慮。

作為患者的朋友或家人，你可能不太清楚如何協助他們面對焦慮，你可以緊記以下應做和不應做的事。

你應該

- ☑ 幫忙找出過程中患者遇到的困難
- ☑ 給予客觀的意見
- ☑ 態度保持正面
- ☑ 有耐性
- ☑ 嘗試從患者的角度，理解他們的恐懼

你不應

- ☒ 批評患者的表現
- ☒ 勉強患者

4 意象面對焦慮法

這套方法是透過想像焦慮的情況，達到克服焦慮的目的。意象面對焦慮法整體上跟「面對焦慮」的步驟一樣，不同處在於集中運用意象技巧，主要針對一些不容易於現實中直接面對又或將來可能會發生的事而引起的焦慮。你亦可以將意象技巧加插於實況練習中，運用此意象法為你的實況練習作事前綵排。意象面對焦慮法包括以下步驟：

步驟一　列出所有焦慮事件，給你的焦慮分等級

用前文提供的「焦慮分級表」，把所有令你感到焦慮的情況列出來，由焦慮程度最輕的情況開始，把所有焦慮情況按程度排列。

步驟二　放鬆

找一個不會受騷擾的時間和地方，首先花數分鐘，用第五章介紹的方法幫助自己放鬆，你可以同時想像一些愉快的情景。

步驟三　想像

在開始練習時，你可以想像在分級表中最低的情況。你可嘗試集中想像你在該情況中看到和聽到些什麼，有什麼生理反應，景象要具體和明確。當這些景象鮮明地出現在腦海時，請你維持想像這些景象直至焦慮感慢慢散去，這一個步驟是面對焦慮的關鍵。若你感到焦慮過分強烈，可暫

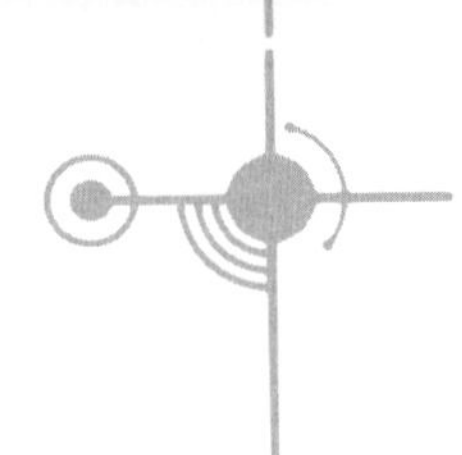

停想像，嘗試重做步驟二讓自己放鬆，又或休息一會，待平復後再作嘗試。

步驟四 **繼續**

若你成功克服以上情況，可以進入下一個情況繼續練習。

「面對焦慮」和「意象面對焦慮法」是改善焦慮十分有效的方法，他們能打斷焦慮情況和焦慮反應之間的連結。以上詳細解釋「面對焦慮」的重要技巧亦可給你一個整體處理焦慮的原則，讓你運用到面對日常的恐懼上：

面對焦慮時，不要逃避，儘量容許自己習慣焦慮的感覺，慢慢減輕焦慮。需要時運用暫停技巧，自我調節焦慮和增強自我控制感。

若焦慮太難面對，可考慮循序漸進，由較易面對的情況開始，或運用意象技巧先作綵排。

當然，「面對焦慮」這方法有時並不容易實踐，特別是起初的時候和中間遇到的樽頸位置，都會令人感到氣餒。但記着只要你堅持到底，焦慮就會漸漸減退。你也可以找個對這種療法有認識的治療師來幫助自己，可能更快見效。

5 結語

擁抱挑戰需要勇氣和決心，面對焦慮的暴露療法是已知最有效改善焦慮的方法之一。當你付出努力和毅力，而在練習中經驗到焦慮程度下降時，你定會感到很大的滿足與成功感。

假如你真的感到這章的練習太難，我們建議你向專業人士求助，特別是一些熟悉認知行為療法的治療師，在其引導下用這療法去克服焦慮問題。

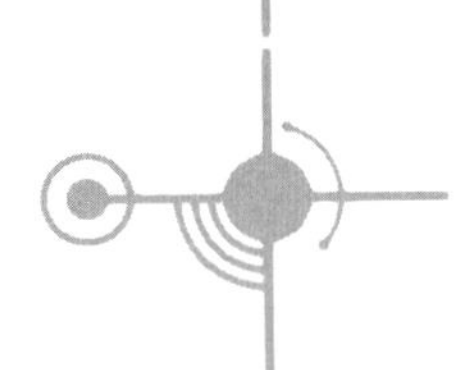

請運用以下的焦慮分級表來為你的目標情況分等級，可利用文中提供的例子作參考。

焦慮分級表

終極目標	
焦慮程度（0-100）	焦慮情況
100	
95	
90	
85	
80	
75	
70	
65	
60	
55	
50	
45	
40	
35	
30	
25	
20	
15	
10	
5	

參考資料

Barlow, D. H.(2002). *Anxiety and Its Disorders: The Nature and Treatment of Anxiety and Panic.* New York: Guilford Press.

Bourne, E. J.(1998). *Healing Fear: New Approaches to Overcoming Anxiety.* Oakland, CA: New Harbinger Publications, Inc.

Bourne, E. J.(2005). *The Anxiety & Phobia Workbook(4th Ed.).* Oakland, CA: New Harbinger Publications, Inc.

Wells, A.(1997). *Cognitive Therapy of Anxiety Disorders: A Practice Manual and Conceptual Guide.* Chichester: Wiley.

失眠

心煩意亂

失去自信

容易受驚

坐立不安

第三部分

焦慮自選療法（下篇）

介紹過上篇第五至七章的自療方法後，你對如何運用認知行為療法的技巧來幫助自己，相信已有一定認識。這些技巧都是很具體和實際的，多加練習，自然可減少焦慮。在焦慮自選療法（下篇），我們會為你介紹三種長遠來說可減少焦慮的途徑，包括第八章〈自信我可以：提升自我效能自助法〉、第九章〈心靜無煩憂：靜觀自助法〉和第十章〈正向心理、積極人生〉。

焦慮其中一個主要產生原因，是缺乏自信和自我效能感低落。假如你不相信自己有能力應付問題和掌控環境，那自然較易產生焦慮情緒，這也是焦慮性格的人常有的特點。若想改善焦慮情況，你可學習第八章〈自信我可以：提升自我效能自助法〉介紹的提升自信和自我效能感的方法，當你的自信和掌控感增加，自可放鬆心情面對挑戰和困難，這是長久應付焦慮的良策。

靜觀（Mindfulness）是近年心理治療界頗流行的治療和自助方法，對壓力、焦慮及抑鬱等情緒問題特別有效。其重點是學習放開偏見，以接受所有現實經驗和活在當下的態度，來處理焦慮等情緒問題；視這些經驗為短暫和不斷改變的事物，將自我和這些經驗分開，不為所困，這就是靜觀可帶給你的內在自主和空間。當然，要經驗到這種好處，你須在日常生活中多練習靜觀，第九章〈心靜無煩憂：靜觀自助法〉，你會找到很多實用而新鮮的練習方法，依法去做會為你帶來一顆平靜安穩的心。

第十章〈正向心理．積極人生〉是全書的總結，我們每個人都需要活出一個正面積極的人生。假使我們能夠增加多些正面的能量，自可減少過分焦慮帶來的負面能量。在這方面，正向心理學（Positive Psychology）和接受和承諾治療（Acceptance and Commitment Therapy）都為我們提供了很多寶貴的研究和建議，特別在價值觀和品格培養方面。我們相信只要一個人能多培養樂觀、勇敢、幽默感、社交智能和靈性的追求，長遠來說可減少焦慮的機會或改善應付焦慮的能力。不單這樣，若你可以提升正面心理能量的話，你將擁有更精彩美麗的人生。

第八章　自信我可以：提升自我效能自助法

自信是走向成功的第一步，缺乏自信是失敗的主要原因。

——文學家

莎士比亞（William Shakespeare）

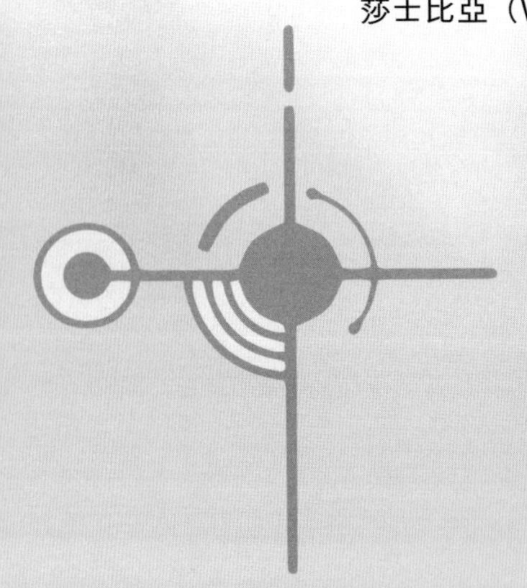

1 缺乏自信——焦慮的源頭

你可有試過以下的經驗：在一些本來可以勝任的工作上，因缺乏自信或怕被別人批評，結果表現與自己的能力相差甚遠，令自己懊悔不已！為什麼呢？其實很多時都是缺乏自信或自卑感作祟所致。

無可否認，自信心和焦慮關係非常密切，甚至可以說：焦慮的源頭往往是缺乏自信。歸根究底，焦慮的原因是害怕和缺乏安全感，對自己缺乏信心的人最易產生這些情緒和感覺，因不信任自己應付問題和困難的能力，甚或覺得自己是個無用無價值的人！

2 自我形象

自我形象是個根本的題目。每個人都會在成長中形成一套對自己的看法，正面的自我形象和自尊感是我們每個人都需要的，這是心理健康的必備條件。可是，成長中負面的經驗令很多人失去自信和自尊感，自我懷疑和自卑感使這些朋友面對問題時分外焦慮，容易產生負面的想法和情緒。

事實上，很多人心底裏都存着一種不安和焦慮感，源自負面的自我形象和自我評價。他們自小就沒有被肯定和接納的經驗，被父母或其他人不斷地否定和責備，以致自我價值很低，造成內心深處長期的焦慮感。每當他們遇到一些失敗或別人的負面意見時，他們的焦慮感就會不受控制地引發出來，甚至一些比較中性沒有惡意的情境，也會造成以上結果。

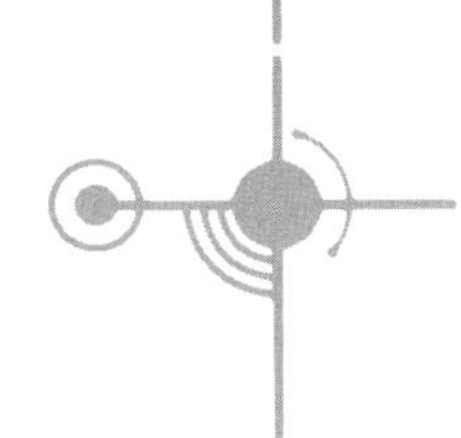

自我形象低的人通常有以下表現：

- 缺乏安全感，容易感到受威脅
- 對別人的話非常敏感
- 對攻擊採取自我防衛的反應
- 儘量迴避困難和挑戰

你可有以上問題呢？你有一個健康正面的自我形象嗎？

若想減少焦慮，建立正面的自我形象是必須下的工夫。只要你留心自己一些慣性負面的自我陳述（如「我真是無用」「我總是把事情弄糟」「我的性格有太多缺點」），用第六章〈思想起革命〉的思想改造方法來改變這些自我陳述，漸漸地你就可以建立一個較平衡和正面的自我形象，焦慮的情況自然會改善過來。

話你知

自信的力量

心理學上有一個著名的理論「**自我實現預言**」(**self-fulfilling prophecy**)。研究員把一羣資質程度相同，智力只是普通水平的學生分成兩組，告訴其中一組的老師該組學生是資優兒童，另外一組則讓老師當他們普通學生來教授。儘管兩組學生之前的智能只是普通，八個月後，之前被稱為資優兒童那組學生竟然在測驗中得到較佳成績，老師對他們的評語也較好。

這理論說明，別人對自己的期望會左右自己的表現。事實上，這也適用於個人對自己的期望。有研究（Peterson et al., 1988）訪問了一羣大學畢業生，那些對人生前景感到樂觀的人在畢業 15 年後比其他人的身體狀況健康得多。

3 自我效能感

若想克服焦慮，培養自信是一個非常有效的途徑。心理學的研究認為，若要培養自信，最實際有效的方法就是增強自己的「自我效能感」，這也是本章的主題。**自我效能感（sense of self efficacy）是指個人對自己能否完成一項任務的能力評估**。研究自我效能感的權威 Dr. Bandura 指出，當人面對一項任務時，選擇如何去處理問題，除了取決於個人對任務性質的認知，還取決於他對其個人能力的評估。例如某人在決定是否接受升職的安排時，會評估自己有否足夠能力去應付新崗位帶來的挑戰，這會直接影響他選擇喜迎挑戰，勉為其難還是逃之夭夭。

3.1 自我效能感的重要性

自我效能感亦會決定一個人為自己訂立什麼目標、付出多少努力、面對困難時堅持多久和有多少抗逆力。**一個自我效能感強的人，會把困難的**

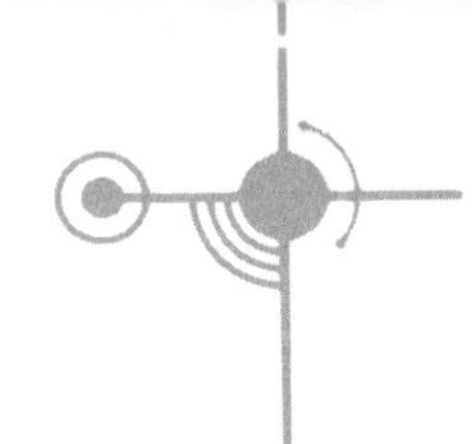

任務視為挑戰，而不會把它看作洪水猛獸般避之則吉。正面的態度有助維持堅毅的意志，增加成功的機會。面對挫折時，自我效能感強的人會把失敗歸因於暫時性的技能不足、或不夠努力，而這些導致失敗的因素都可以通過努力去改善。因此，他們每每能快速地從挫折中振作起來，並為自己訂立新的目標，展現強韌的堅忍與毅力。這一類人認為困難的環境都有可掌控的地方。總括來說，自我效能感強的話，能夠減少壓力和增加成功機會。

相反，一個自我效能感弱的人不時會質疑自己的能力，視困難任務為威脅。很難為自己的目標堅持下去。面對挫折，自我效能感弱的人會把失敗看成個人不可改變的缺陷，傾向選擇放棄，忽略改正錯誤的可能。挫折輕易令他們變得一蹶不振，他們也較容易成為壓力或焦慮的受害者。

你又是哪一類人呢？

3.2 焦慮與自我效能感

「自我效能感」在焦慮的早期階段擔當重要的角色。當一個人認為自己能夠掌控眼前的困難和威脅時，他就不會因難處感到困擾。相反，當一個人認為他不能處理當前的困境時，就會感到非常焦慮，不住思索自己的處理技巧如何糟透，把世界看為危機處處，誇大危機發生的可能性。

自我效能感可再細分為：

應付困境的自我效能感（perceived coping efficacy）：在面對困難時，對自己應付情況的能力所作出的評估，是關乎自己行為的；

控制煩擾思想的自我效能感（perceived efficacy to control disturbing thoughts）：指在逆境時，對自己調節想法和情緒的能力所作出的評估，關乎自己的自控能力。

「控制煩擾思想的自我效能感」在面對壓力和調節焦慮思想的過程中非常重要，若無法制止這些煩擾思想不住在腦海浮現，焦慮情緒就會不斷增加。

自我效能感強的人，能控制他的思考歷程，懂得引導自己多作正面思考。正面的思考能夠幫助他們處理情緒，令他們不易受負面情緒牽引，焦慮自然較少。自我效能感弱的人，除了要應付困境帶來的壓力，還要擔負因壓力而引起的負面情緒，如果無法妥善處理，將影響正常生活。總括來說，「應付困境」和「控制煩擾思想」的自我效能感能聯手對抗焦慮。你若想增強應付焦慮的能力，就應學習提升自我效能感了。

3.3 左右自我效能感的因素

你可知道自己的自我效能感會受什麼因素影響呢？學者 Bandura 的理論指出，自我效能感的來源有以下四種：

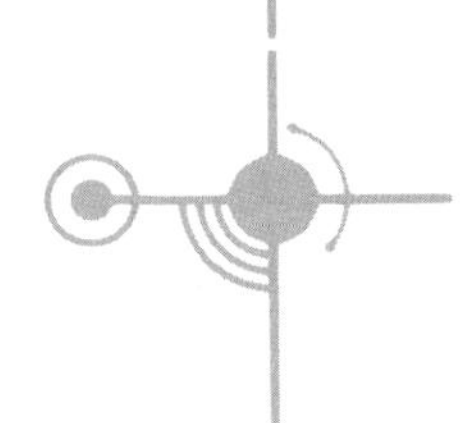

(1) 過去的成功經驗(Mastery experiences)

過去的行為直接影響將來的決定。當一個人有過成功的經驗,自我效能感會隨之提升,令他相信持續付出努力便會成功,從而更有信心去完成下一個目標。自信和成功的關係就像雞蛋和雞,成功的經驗可以令我們增加自信,但原來自信一樣可以增加成功的機會。

(2) 朋輩經驗(Social modeling)

人會把自己與別人,尤其是與自己擁有相似背景的人作比較。當一個人觀察到朋友可以透過持續的努力而成功,亦會相信自己都有能力達到目標。

(3) 朋輩游説(Social persuasion)

相信你自己也經歷過,無論情況如何惡劣,只要有一些你認為重要的人給你鼓勵,你的自信心會馬上提升,促使你更加努力地嘗試解決問題。相反,若別人對你有懷疑,你的自信心可能會相對減少,也較難堅持下去。

(4) 身體和情緒狀況(Somatic and emotional states)

一個人的身體和心理狀況也會影響個人的自我效能感。通常在身體欠佳或心情低落時,對自己的評價也會容易變得負面。

你也可以成為喬治！

有一則小品在網絡上廣泛流傳，雖然真假無從稽考，但不減其背後的意義。它正好說明了自我效能感與焦慮和成功的關係。

美國一名叫喬治的推銷員，成功地將一柄斧頭推銷給布殊總統。布魯金斯學會得知這一消息，把「最偉大推銷員」的榮譽頒予他。他是自 1975 年以後，惟一獲該學會頒發這榮譽的人。

布魯金斯學會創於 1927 年，旨在培養世界上最傑出的推銷員。學會每年都會設計一道實習題。這一年的題目是：把一柄舊斧頭推銷給布殊總統。

許多會員知難而退，他們想起以往向平民百姓推銷亦處處碰壁，更何況要向總統先生推銷，所以他們都認為自己不可能做到；再者，總統什麼都不缺，即使缺少什麼，也用不着他親自購買；「即使他親自購買，也不一定要跟我買。」有些學員想得更遠，他們想自己連一柄舊斧頭都賣不了，還是不適合當推銷員，一輩子都會一事無成，結果當然是愈想愈焦慮。

喬治是如何做到的呢？他這樣解釋：「我認為我有能力將一柄斧頭推銷給任何人，包括布殊總統。我知道布殊總統有個農場，裏面種了許多樹。於是我給他寫了一封信，說：『有一次，我有幸參觀你的農場，發現裏面種了許多樹，有些已經死掉，木質已變得鬆軟。我想，你一定需要不甚鋒利的斧頭。我正好有一柄這樣的斧頭，它是祖父留給我的，很適合砍伐枯樹。假若你有興趣的話，請回覆……』最後他就向我買了。」

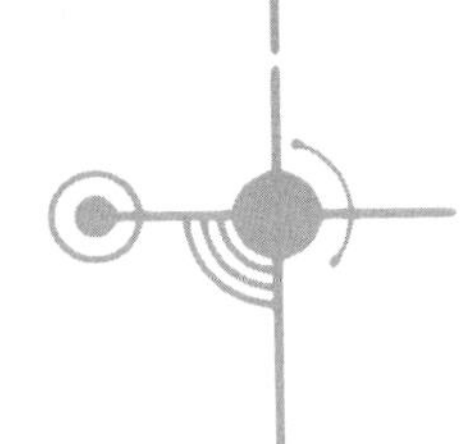

聽過一句格言，跟這故事剛好脗合：「不是因為有些事情難以做到，令我們懷疑自己的能力；而是因為我們懷疑自己的能力，以致有些事情難以做到。」

你想成為喬治嗎？

3.4 如何提升自我效能感

Bandura 認為，人人也可成為喬治！如某一天你那位當推銷員的朋友向你訴說他感到自己如何糟透，是全公司最差勁的推銷員，你可以教他以下四招（當然，你可先自學來幫助自己）：

第一招　終生學習

無人會懷疑知識和技能可提升應付困難的能力，所以學習是很重要的。列出你想自己改變或學習的地方，並為它們排一個先後次序。選擇生活中的某一方面，努力改變或學習，不要試圖一次過改變太多方面。選定需要學習的地方後，為自己訂出可以達到的目標，並計劃能達致目標的步驟。通常這些步驟的難度都是逐步增強，最好的方法就是由自己有信心做到的難度開始，反復練習至非常純熟的境界。當你在較低的難度上取得成功，自然更有信心挑戰較高難度了。

第二招　觀察和模仿

在身邊找一個或多個值得模仿的對象，再找出他表現得最出色的地方來仔細觀察。你的對象應該是一個合適的典範，而不是一個不符現實的偶像。觀察的地方包括他的準備工夫、語調、用詞、表情、臨場反應、察言辨色技巧等。如情況許可，最好能邀請你的模仿對象作導師，向你分享他如何學習和克服障礙。資料整理好後，再選出切合自己需要的技巧，有計劃地逐步嘗試模仿。模仿過程中可能會遇到一些困難，不妨先由容易做到的地方開始，耐心嘗試。通常試過第一次成功，自我效能感便會增加，經過多次成功經驗的積累，你的自我效能感便會愈來愈強。

討論區

自卑心作祟

達強是個自信心薄弱的人，經常為自己的工作表現擔心不已。尤其是上司安排自己和別人合作的時候，他覺得拍檔在各方面都比自己優勝，恐怕會看不起自己，所以與同事合作時感到很大壓力。在與拍檔開會前幾天，他憂心忡忡，吃不下嚥、睡不安穩，無法集中精神做事，覺得拍檔比自己優勝的想法總是揮之不去。他明知這樣的態度和想法毫無益處，但看到拍檔和上司談笑風生，輕鬆自如，就更控制不了自己既妒忌又自卑的心態。

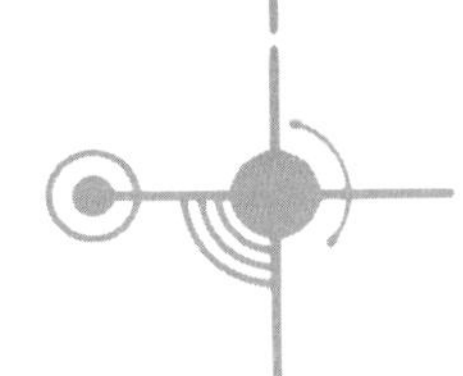

想一想：

1. **如何可以幫助達強把嫉妒轉化為一個學習機會呢？**
2. **你身邊的人又有什麼令你欣賞和值得你學習的地方呢？**

第三招 自我説服

疼自己多一點，不妨對自己做得好的地方給予讚賞，切忌對自己過去的失敗或錯誤耿耿於懷。要學習對自己作正確的分析，謙虛是必要的，但不須妄自菲薄。多看自己的長處，多回味成功的經驗，並且不斷進行自我説服和自我激勵，如：「我有能力做好這件事」、「我上次都能夠克服困難」、「別人做得到，我都可以做到」等。也可以把自己做得好的事情寫下，有空多看。日子有功，自我效能感自然就能夠培養出來。

討論區

跌倒再站起！

自從車禍後，慧明對於任何有關車和馬路的事物都產生莫名的恐懼，此外，她也經常怪責自己，覺得是因為自己平日不夠小心才會發生交通意外。漸漸地，慧明對自己失去信心，經常挑剔自己日常生活中的錯處，覺得自己表現非常差勁。慧明的好朋友小美知道她的情況後，就不斷鼓勵慧明，有時會寫電郵或發短訊來肯定她的表現。小美也提議慧明完成工作後，去做一些獎勵自己的活動，例如買一些小禮物給自己或是光顧一間自己喜歡的餐廳。慧明發覺按小美的建議去做之後，自信心的確漸漸增強，自責也減少了，不再那麼容易聯想起與車禍有關的事情。

想一想：

1. **為何慧明會失去自信心呢？**
2. **你認為什麼最能幫助慧明重建自信呢？**

第四招　身心健康

多留意自己的身體狀況，你會發現人在生理心理狀況欠佳時，往往會低估自己的能力，對自己作出負面評價。找個心情開朗的日子，嘗試實行之前定下的計劃，或挑戰自己感到焦慮的事（當然是尋找一些力所能及的事情作為試點），成功的機會會較大。還有，日常生活中也要保持作息定時、適量運動、多吃有營養的食物和發展興趣等，這都有助保持生理與心理健康。若想增強自信心，就要愛惜自己，好好對待自己的身心。

4 抽絲剝繭解難法

除了要多練習以上的方法外，你可以嘗試用以下介紹的「抽絲剝繭解難法」，解決一些簡單的日常生活難題，當你的解難能力提高，你的自信

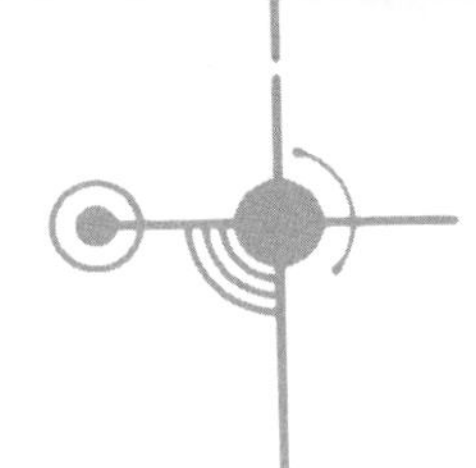

會相應增長，發現自己的能力可能比想像中高，你克服焦慮的資源又增加了。

這解難方法很易學，可以助你處理日常生活的問題；透過把問題定位和分析，你會清楚看出哪個解決方法才是可行的，避免因心急而草率行事，自可減少焦慮。以下是解難六部曲：

第一部 **難題定位**

當你發覺事情開始不對勁時，立刻把問題確定。如同一時間有多個問題存在，可以分開處理每一個小問題。於練習初期可以找一些較易解決的問題作為練習。

第二部 **大腦震盪**（Brainstorming）

儘量拋出任何可能解決的方案。不要擔心那些方案是否可行，可能有些方案看來不太可行，甚至天馬行空，但不代表這些辦法完全沒用。一些從來沒有想過的方法可以打破你舊有的觀念，擴闊你的思考範圍。

第三部 **計算成效**

研究收集到的資料，評估每一個方案的可行性及效能。每個人的價值觀都不同，大眾認同的目標並不一定和自己的一樣，要想清楚自己想要達到的到底是什麼。你可以在每個可能的辦法之下，分別列出好處與壞處，檢視它們的短期和長期成效。

第四部　作出決定

選出自己認為最好的解決辦法，仔細擬定實際的執行步驟。

第五部　執行方案

根據之前想出的執行步驟，落實解決問題。

第六部　事後評估

回顧整個過程，評估整體結果，再把所學到的應用到其他生活的問題上。當然，世事未必盡如人意，有可能方法行不通，又或者最好的方法也不能帶來理想的結果。當你嘗試用以上方法處理問題時，已經給予自己一個建立自信的機會，下一次自然可以做得更好。

5 結語

人生並不完美，有時在困難之中，我們會覺得自己好像對任何事也無能為力，完全失去自信。請你記着：人生的旅途其實很漫長，今天失敗並不等於明天沒有機會成功。何況不論情況如何，你也不會束手無策，至少你有培養自己積極樂觀態度的能力。對未來抱有希望可以令自己更有自信，而相信自己的力量則令你期待將來。已經有無數的研究指出，自信、希望和樂觀的人生態度對身心的益處。**自信和樂觀好像管和弦，兩者一起可以助你譜出希望的協奏曲，這樣的人不會那麼容易感到焦慮。**

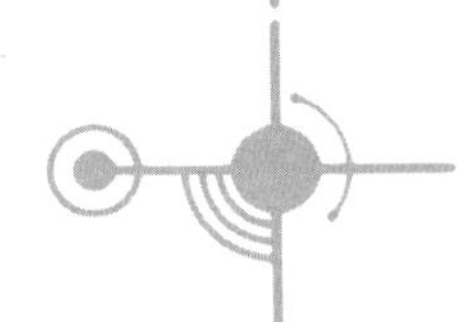

1. 試回想過去一次學習成功的經驗，回顧一下當中自己的努力和堅持，克服困難的毅力，並所費的心思和時間。

簡述學習成功的經驗：________________________________

____

堅持不放棄的原因：________________________________

自我激勵的方法：________________________________

學習到什麼：________________________________

對未來挑戰的啟示：________________________________

請列出值得自己借鏡的地方：________________________________

2. 在各種提升自我效能感的策略中，你覺得哪些策略最適合自己採用？

策略 1：________________________________

策略 2：________________________________

策略 3：________________________________

3. 過分自我批評的聲音往往最打擊自信，請反思一下你有哪些負面的自我陳述？你可用什麼正面自我陳述來反駁呢？

例：負面自我陳述：我總是克服不到緊張的情緒，真是無用！

正面自我陳述：緊張是正常的反應，我可慢慢適應和調整，我亦有很多其他的優點，例如做事負責認真等。

你的負面自我陳述：________________________________

你的正面自我陳述：________________________________

4. 在對抗焦慮的過程中，你可能吃過不少苦頭。請親友在以下的打氣卡寫上鼓勵自己的說話，感到氣餒時，可以拿出打氣卡來看看，為自己注入正面能量。

例如：笑一笑，明天會更好！

相信自己，希望在眼前！

我一定做得到！

打氣卡

送給自己的打氣話：

____

____

____

參考資料

Bandura, A.(1977). Self-efficacy: Toward a unifying theory of behavioral change. *Psychology Review,* 84, 191-215.

Bandura, A.(1994). Self-efficacy. In V. S. Ramachaudran(Ed.), *Encyclopedia of Human Behavior*(Vol. 4, pp. 71-81). New York: Academic Press.(Reprinted in H. Friedman [Ed.]. *Encyclopedia of Mental Health.* San Diego: Academic Press, 1998).

Peterson, C., Seligman, M. E. P., & Vaillant, G. E.(1988). Pessimistic explanatory style is a risk factor for physical illness: A thirty-five-year longitudinal study. *Journal of Personality and Social Psychology,* 55, 23-27.

Rosenthal, R., & Jacobason, L.(1968). *Pygmalion in the Classroom: Teacher Expectation and Pupils' Intellectual Development.* New York: Holt, Rinehart and Winston.

第九章　心靜無煩憂：靜觀自助法

惟過去的事早已消失，未來的事杳不可知，只有現在是真實的。

——哲學家

培根（Francis Bacon）

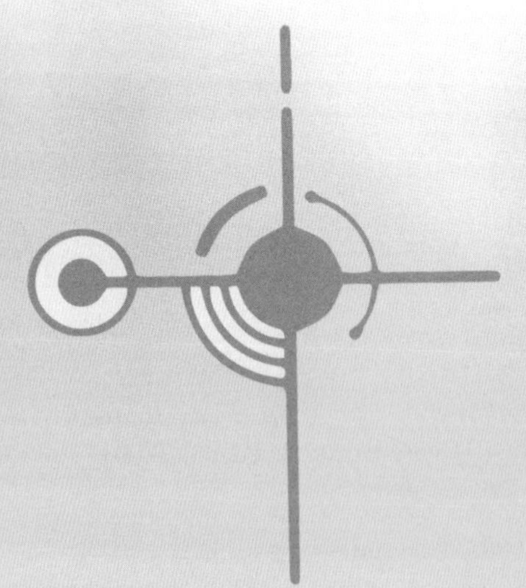

1 離開焦慮沼澤

焦慮情緒就像一個沼澤，你愈努力想去避開焦慮或恐懼，就愈被這個泥沼吸住；像一個被綑綁的人，愈是掙扎，繩結就會纏得愈緊。同樣地，愈命令自己不用緊張害怕，你的心卻可能跳得愈快。

到底問題出在哪裏呢？要對付焦慮，不一定愈努力愈好，要視乎你的方法和態度是否正確。在這章你將會學到一種很管用的方法，它可說是一種生活態度和實踐方式，稱為**「靜觀」（Mindfulness）**。**「靜觀」的源頭來自東方的哲學思想和實踐，近年廣泛地被西方心理學和心理治療所推廣和採用**。雖然它與東方的冥想修行很有淵源，但它並不與任何宗教信仰有必然的衝突。在生活中實踐「靜觀」的態度，可以與前面所介紹的思維和行為自助法相輔相成，互補不足，令你更能應付自己的焦慮。

2 靜觀

2.1 接受比對抗好

「靜觀」（Mindfulness）是一種怎樣的生活態度和方式呢？首先，它是一種接受和不判斷的心理狀態。負面情緒如焦慮等為何如此折磨人呢？只因我們對這些情緒自然地產生抗拒的心態，內心早認定人生應是快樂平安，任何痛苦和不愉快的情緒都是不好的，無論如何都應儘量避免。於是當遇到焦慮不安的情緒時，我們就會非常抗拒，反而更易被這些情緒牽動，形成惡性循環，負面情緒不斷增強。

為免落入這個惡性循環，最好的方法就是「接受」——學習接受人生的真相。**人在一生之中難免會有高有低、有順有逆、有得時有不得時，痛苦和不幸無法完全避免。**既然如此，為何我們不以平和豁達的心胸去面對和接受事實呢？接受代表你願意抱誠實開放的態度，以澄澈的目光去審視真相，而非只看到自己想見到的。

想一想：

1. 在你的人生中，有哪些事情或經歷是你一直不願接受的呢？這些事情會否就是令你經常焦慮的原因呢？

____

2. 你可用什麼方法讓自己接受那些不願意接受的事情呢？

____

2.2 誰有百分百把握？

「靜觀」的另一種態度就是接受人生的變幻無常，這也是生命中的事實。焦慮的人常犯的毛病，就是要求對環境有百分之一百的掌控，不能容忍任何出乎自己意料之外的負面事情出現；所以焦慮的人往往會用極多的精力和時間去進行預防措施，以確保萬事都安全穩妥，例如在腦海中重複搜索任何可能出錯的地方，然後做足針對性預防，並不斷檢查有否做錯或遺漏。

這種想確保萬無一失的心態和行為，只會令你的生活變得惶恐和沉重，毫無樂趣可言，甚至令你神經兮兮，像繃緊的橡皮圈一樣。你所付出的代價其實遠超過這些行為所換來的好處。與其這樣，不如以坦然的心去接受有些意外是無法避免的，只要你盡了合理的努力去掌控環境，就已經足夠。坦然放手比緊緊捉住來得更輕鬆自在！

想一想：

1. 在生活中哪些地方你會要求百分之百的保證和把握呢？這會否為你帶來沉重的壓力和焦慮？

2. 你如何學習放開，接受生命本身就包含着一些不穩定和不肯定性呢？

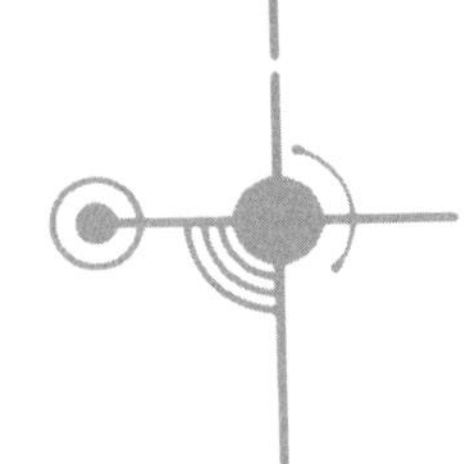

2.3 抽離不批判

人的煩惱往往源於要不斷追求自己的慾望和快樂，和極力想去逃避任何痛苦和不快的情況。我們的情緒時常被此牽動，自添煩惱。

「靜觀」的態度就是學習用一種抽離、不批判好壞的眼光去看待自己的經驗。能做到這點並不容易，你必須願意暫時放下「自我」，即是將自己的喜惡慾念放在一旁，以冷靜平和的心去迎接所有經驗，不分好壞。

如何可以達到抽離不判斷的境界呢？你可嘗試將「我」的經驗說成「你」的經驗，例如：

「我不能再忍受了」變成「你不能再忍受了」。

「我討厭自己」變成「你討厭自己」。

「我害怕得要命」變成「你害怕得要命」。

這樣對待自己的經驗，可以為自己製造一個心理空間，將自己與自我的經驗分隔。抽離一點，就可以看得更全面、更清楚。

為求達到抽離客觀的地步，你可以想像：

(1) 自己一個人坐在電影院內看電影。

(2) 影片的主角是自己，內容是自己的全部經驗，而你又是席上的觀眾，試用觀眾的身分去看待自己所有經驗。

(3) 你還可想像自己同時是站在放映室內放映電影的控制員，一邊放電影一邊注視着電影院內作觀眾的你。

(4) 到此，你應該能夠比之前更能抽離自己的經驗，因你是從兩種角度去觀看自己的經驗。你不單是正在經驗各種事情的「當局者」，亦是那位抽離的「旁觀者」。

假使你不會抽離的話，會很易將自己等同自己的感受，將自己與自己的焦慮或恐懼等同，以為自己是個「焦慮的人」。當你可以抽離，會發現其實你只是經歷了一些焦慮的感覺，僅此而已，實在沒有什麼值得害怕啊！

3 活在當下

人的腦袋很是神奇，它能發明最尖端的科技，將太空人送上月球，又會發明互聯網克服地域的距離；但人腦同時也會自製無數的煩惱和痛苦。一條狗不會擔心明天可能發生的事，或牢牢記着兒時的慘痛經歷，但人卻相反！我們的心思意念往往集中於對過去的遺憾，或是對將來的憂慮，忽略了眼前、忘卻當下，因而產生各種負面情緒。

要掙脫這些負面情緒，最好就是練習培養活在當下的工夫，叫自己完全集中、留心此時此刻自己意識中的一切經驗，包括自己身體的感覺、感官的經驗、心思意念的活動等。不要小覷這個練習，其實它殊不簡單，平時我們很易被一些內心的情緒或思緒纏繞，以致沒有完全感受留心當下發生的一切，使我們失去很多有趣和寶貴的經驗。

活在當下練習

1. 留意現在你手中這本書的重量和接觸這本書時所產生的觸覺。
2. 留心你身體的感覺，如你身體接觸椅上的感覺，感受一下身體的重量、背靠椅背的感覺、和雙腳踏在地上的感覺。
3. 留心你的呼吸，感受空氣如何進出你的鼻孔，留心呼吸的快慢輕重緩急的節奏。
4. 留意任何腦海中浮現的意念，但不要對它們加以判斷，試以觀察者的身分去觀看它們，讓它們自然地來，自然地走。
5. 留心聽你四周的聲音，但不要以喜惡的心去判斷這些聲音。

起初，你可能會不習慣這種專注的狀態，或感到很不自然甚至有些緊張；但只要你堅定不移地練習，便可漸漸體會到專注放鬆的好處，感受到內心一種很特別的寧靜和穩妥，我們每個人天生都擁有進入這種狀態的能力。這種練習可以幫助你從自己煩惱的專注中釋放出來，擴闊自己的經驗，更留心此時此刻的一切。

完全進入自己的經驗

面對焦慮和恐懼，我們儘量去逃避這些經歷，以致很少認真地去明白這些負面情緒，了解它們對我們的意義，和尋找更好的方法去面對。當你能夠以平常心接納現實、不要求自己完全掌控環境、以抽離不批判的態度去面對自己、並能夠專注地活在當下時，你就可以讓自己完全進入經驗裏面，細心體會內裏豐富而實在的感覺。

要完全接觸自己所有經驗，你須放下慾望，不要企圖去改變任何感覺，即使那些感覺令你非常難受。你需要完全信任自己的能力，相信自己可以擁抱任何感受，這樣你才可以更深入認識自己，發掘自己內裏的空間，叫自己靜心聆聽每個經驗感受想告訴你的事情。**讓經驗成為你的導師，開啟自己心靈深處的隱祕，觸碰最深層的真我，這就是「靜觀」的妙處。**

擁抱經驗練習

1. 現在試感受一下自己的感覺，不要立即作出任何判斷，嘗試以開放接納的心態去面對。

2. 留心有什麼感受是叫你不安或焦慮的，不要害怕或逃避那種感覺。它對你傷害有多大，由你決定，只要你嘗試以開放及好奇的心去接觸和了解這種感受，將它看作你的朋友，試明白它正在對你傳遞的信息。

3. 欣賞自己可以勇敢堅定地擁抱自己的經驗，你對自己的認識又跨前一大步了。你可能感覺自己已經沒有之前那樣懼怕自己的感覺或情緒，而能視它為你的一種經驗而已。

當你嘗試擁抱個人的焦慮和恐懼時，你就知道「自己」並不等同感覺。**無論你的感覺叫你怎樣害怕，它也只是感覺，遲早會過去的。**你愈想逃避或對抗這種感覺，你就愈可能被它纏住，以欣然接納的心去迎接，才是最明智的選擇。

5 培育仁慈和憐憫心

在「靜觀」之中，你不單只要對自己的經驗開放，更要培養自己的仁慈和憐憫的心。

仁慈（kindness）是指你以善意看待自己、別人和萬物。這是愛的能力，用愛的眼光去接觸這個世界。

憐憫（compassion）與仁慈不可分割，憐憫是願意開放自己，去感受和體會別人的苦痛和不幸。

不單是對別人如此，對自己也應這樣。很多時我們都有雙重標準，對別人抱憐憫的心，但對自己則極為苛刻。要記着，不能接納自己的人，也很難真心去對別人表示憐愛，所以你要以仁慈和善意來對待自己。

焦慮緊張的你可能經常對自己說些苛刻自責的話，使自己的負面情緒火上加油，其實這沒有任何益處。你應當培養一顆對自己寬容憐愛的心，在平靜中接納自己。請儘量感受對自己發出的善意和愛心、擁抱自己，視自己為最好的朋友。

培養仁慈心的練習：

先用深呼吸來放鬆自己，然後在心中重複以下的自我陳述：

「我喜愛自己。」

「我以慈悲對待自己。」

「我心裹充滿平安與祥和。」

6 「靜觀」在生活

6.1 靜觀地吃（Mindful eating）

因過分專注於自己的情緒和煩惱，你會忽略了生活中簡單的樂趣和喜悅。如果你能在日常生活中尋找機會練習一顆覺知的心，漸漸地你自然會更易感到平凡的喜悅，其中一個較易做的練習就是靜觀地吃。當你吃東西時，可試用以下的方法：

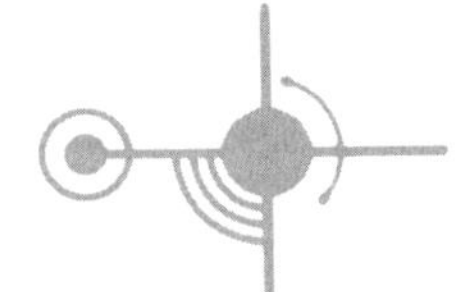

1. 慢下來，專注。
2. 細心觀看你的食物。
3. 留心食物的顏色、條紋、形狀等。
4. 用鼻去感受一下食物的香味。
5. 將食物放在唇邊，輕輕的接觸一下。
6. 用舌尖去碰觸一下食物。
7. 將食物放入口中，但不要咀嚼，感受一下食物在口中的感覺。
8. 很慢很慢地一口一口的咀嚼食物。
9. 留心食物味道的每一個變化。
10. 感受食物如何進入你的食道。
11. 嘗試運用靜觀進食法，最少用 40 分鐘來進食一餐。

假如你使用以上方法進食，你會漸漸感到內心變得平靜，亦更能享受進食的過程。

話你知

慢食運動（Slow food movement）

由意大利人 Petrini 發起的慢食運動，提倡在細嚼慢咽之中充分品嚐食物的原味，鼓勵我們多進食天然健康的食品。到現時為止，慢餐組織已在全球一百多個國家吸引了八萬多名會員。要試試慢食的感覺，可學習細意咀嚼食物，例如吃出飯的原味後才與人分享，又或者多和朋友一起進餐，在輕談淺笑中慢慢享受一頓晚飯。雖然我們有時會用「慢吞吞」等字眼來怪責別人行動緩慢，但記着，慢未必等如不好！

6.2 靜觀地行（Mindful walking）

若果你到旺角或銅鑼灣走走，不難發現香港人是非常匆忙的一族，每個人都只知向前衝，內心可能充滿焦慮和煩躁，難怪這麼多人患上高血壓和心臟病了！

你可以有不同的選擇！就是靜觀的步行方法，這可助你平靜下來，享受簡單的動作，步驟如下：

1. 先停頓一下。
2. 慢慢呼吸。
3. 開始步行，留心你雙腳的肌肉——腳底、腳跟、小腿、膝蓋、大腿，感受一下它們。
4. 假使有擾人的思緒出現，只要靜觀它們，視它們如天上的浮雲一般，不用判斷好壞。
5. 將注意力重新放在雙腳和身體上。
6. 現在，留心自己每個動作——前腳和後腳的配合、身體的平衡、步行動作的節奏等。
7. 在留心身體擺動的同時，亦留心自己呼吸的節奏。
8. 用這樣的方式慢步至少 5 至 10 分鐘。

每天都作這種步行的修煉，有助減少焦慮和壓力。你亦可轉換不同的步行方式，例如一邊步行一邊將注意力放在四周的事物上。

6.3 靜觀呼吸

要修煉靜觀的心，練習呼吸是一個最基本，亦是最重要的方法。你可按以下的步驟練習：

1. 先找一個寧靜舒適的地方。
2. 找一個讓自己感覺舒適的坐姿，但一定要坐直身子，雙腳平放於地，或盤膝坐在地上。
3. 將注意力集中於自己的呼吸上，自然地呼吸，不要刻意用力深呼吸。
4. 留心自己的一呼一吸，空氣如何進出你的鼻孔。
5. 留心自己每次呼吸的輕重、快慢、緩急的節奏。
6. 留心呼吸時身體的感覺，你的胸部、腹部、以至全身的變化。
7. 當你發現自己的注意力被一些思緒分散了，不用氣餒，這並不代表失敗，是正常的現象。你只須觀察一下自己的意念和思想，不作判斷，然後叫自己再度專注於呼吸就可以了。

7 「靜觀」成為一種生活態度

以上所談論的都是「靜觀」的意義和實踐方法，研究顯示，經常練習靜觀的人，可以減少自己的壓力和焦慮，經歷到更多的平靜和鬆弛。其實，靜觀的好處不單這樣，更可以叫你用平靜豁達的眼光去看待事物，能夠將自己與自己的感覺和思緒分開，有更大的空間去反思和選擇。所以，

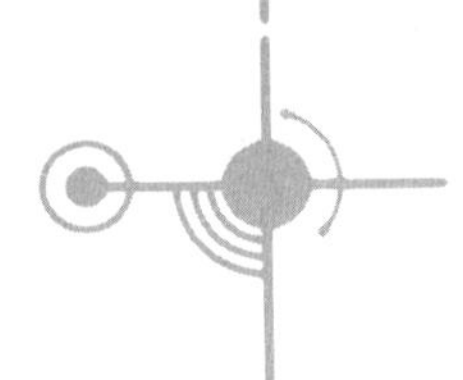

靜觀不單是對付焦慮的好方法，它更是對待自己情緒的基本態度，叫我們不易衝動，避開情緒的纏擾。

話你知

不可思議的冥想／默想

腦神經學者 Davidson 利用腦電圖（EEG）來觀察長期修煉冥想的僧人和普通人大腦活動的分別。他發現正在練習冥想的僧人會發出 Alpha 波這種腦電波，而平日我們只會在極度放鬆的時候才會發出 Alpha 波。而且在練習冥想的時候，僧人腦部的左側前額葉皮質比正常人活躍，這部分同時是我們腦裏對正面情緒作出反應的地區。總括來說，冥想／默想是極度放鬆又高度警醒的狀態。

長遠來說，冥想／默想可以為身心帶來許多好處，例如：

- 減少血液中與焦慮情緒有關的乳酸鹽（Lactate）
- 降低血壓
- 加強血液循環
- 緩慢深長的呼吸
- 減慢心跳
- 紓緩緊張
- 增強創作力

冥想／默想就像大腦的運動，多練習舉重我們的手臂會變得粗壯，多練習冥想／默想我們的大腦會變得強健。

8 結語

我們建議起初練習「靜觀」的時候，不要訂下太難的目標，因這會叫你容易氣餒。你可以每日用五分鐘來練習「靜觀」，不論是靜觀的呼吸、靜觀的步行、或其他專注的練習。當有了一定掌握之後，你可延長靜觀的時間和深化自己的經驗。在日常生活中，遇到不愉快或有壓力的事情時，儘量採用接受、不批判的態度去面對，這是讓自己心境平靜的竅門。

參考資料

Benson, H.(1976). *The Relaxation Response.* New York: Morrow.

Davidson, R. J.(2002). Toward a biology of positive affect and compassion. In Richard J. Davidson & Anne Harrington(Eds.). *Visions of Compassion: Western Scientists and Tibetan Buddhists Examine Human Nature.* Oxford: Oxford University Press.

Petrini, C.(2007). *Slow Food Nation: Why Our Food Should be Good, Clean, and Fair.* Translated by C. Furlan and J. Hunt. New York: Rizzoli Ed Libris.

Singh Khalsa, D.(1997). *Brain Longevity: The Breakthrough Medical Program That Improves Your Mind and Memory.* New York: Warner Books.

Wallace, R. K.(1970). Physiological effects of transcendental meditation. *Science,* 167, 1751-1754.

第十章　正向心理、積極人生

當知道自己生存的目的時，那麼日子怎樣困難也不再有關係。

——無名氏

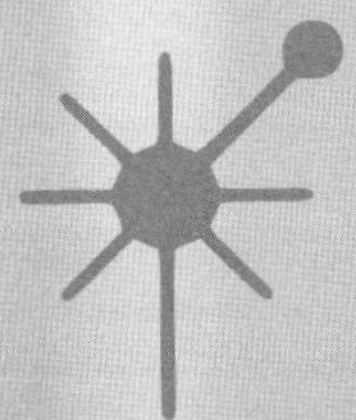

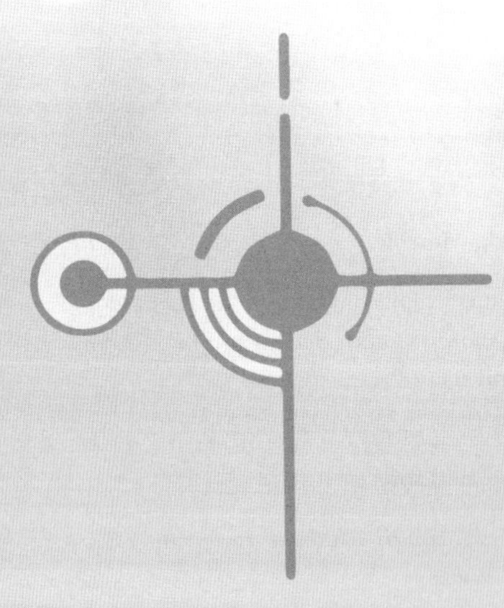

在本書的最後一章，我們希望與你探討一個非常重要、與焦慮有重大關係的課題：價值觀與品格的培養。也許你以為這兩者與焦慮問題風馬牛不相及，但其實當中的關係大有玄機，非常重要。

焦慮的本質就是害怕失去我們重視和視為珍貴的東西，以及害怕失去之後要承受的結果或情況。我們所重視的，就是我們認為有價值的。每個人都有自己的一套價值觀，不論自覺還是不自覺，這套價值觀都在推動和影響你每個決定和行動。能夠得到自己所重視、看為有價值的東西，自然會心滿意足；反之，若得不到或失去自己所重視的東西，情緒就會大受打擊。因此，某程度上我們每個人都害怕失去自己所看重的，這也是焦慮情緒的源頭。

然而，每個人的價值觀都不同，這也直接影響我們的焦慮狀況。假若我們重視的東西容易失去的話，我們焦慮的機會也會大增；反之，假若重視的不易失去，焦慮的機會也自然會減少。因此，你重視什麼，絕對有可能影響你的焦慮指數。什麼是容易失去，什麼是容易保留的呢？相信這問題沒有簡單絕對的答案。大致來說，我們相信物質的東西較易失去，如金錢、身體健康、財富等。若我們過分重視物質層面的東西，會較易產生焦慮，因這些東西都非完全受我們控制。相信你一定見過一些活生生的例子，一些過分為物質條件而營營役役的人，很易產生焦慮情緒。股市、樓市的上上落落、投資資產的升跌，都大大牽動這些人的神經。事實上，很多人的焦慮都與物質上的安全感和富足有關，例如害怕失業、財富的損失等。

相比之下，較重視精神層面或心靈富足的人，焦慮的情況可能較少。他們追求的主要是個人成長、心靈滿足、品格的培養、成熟的性格等個人特質，這些都可以透過自己的努力而有所增加，獲取後較難失去。因此，重視精神層面多於物質層面的心態，較能幫助我們獲取持久的快樂，並減少焦慮等負面情緒。

1 正向心理學的啟示

以上論點並非純粹個人意見，乃是當代心理學的一個主流——正向心理學理論和研究所啟發的。正向心理學所探討的，就是人如何可擁有健全的心理和美好的人生。正向心理學之父 Dr. Martin Seligman（美國賓夕凡尼亞大學教授，前美國心理學會會長）認為，快樂有兩個不同層次：一個是**歡樂（pleasure）**，一個是**滿足（gratification）**。歡樂倚靠官能上的刺激，例如吃喝玩樂，不用費很大的精神和努力，但過程完結後感覺就會消失，不會維持很久；而且不停做的話很易產生厭倦，歡樂的程度會大大降低。因此，歡樂並非持久快樂的保證，就如物質的追求並不能消除焦慮情況一樣。

另一種快樂稱為「滿足」，是指個人藉着自己的努力去完成一個有價值的目標，在過程和結果中得到的正面情緒經驗。在追求和達標的過程中，個人可以充分發揮自己的才能和專長，包括品格上的美德，例如堅忍、激情、自我超越等，而獲得的滿足大多在精神層面上，如自尊感、成就感、意義感等。

Seligman 博士並沒有否認歡樂的重要和價值，這是美好人生應有的元素，也是合理的人生目標。然而，在**歡樂的人生（a pleasant life）**以外，他認為持久的快樂有賴發揮所長而產生的滿足感和成就感，這才可帶給我們一個**充實的人生（an engaged life）**。再者，**假使我們能夠為一些高尚、有意義、超越個人利益的價值和目標而努力，就可擁有Seligman博士所指的「富意義的人生」（a meaningful life）了**。環顧四周，你不難發現，有些人只懂追求歡樂，有些人則追求充實滿足的生活，而有些人則最重視人生的意義和價值。這三種取向並非互相排斥，可兼容並蓄，但卻有輕重先後之別。

你可能懷疑，以上正向心理學的理論與焦慮問題有何關係？關係在於假如我們所追求的只是歡樂（pleasure）或物質的東西，這些東西或經驗都較短暫和易消失，使我們較易處於一個不安定的狀況和心態，因害怕失去而產生的焦慮就較易出現；換句話説，容易焦慮與否跟你的價值觀和生活取向有關。假若你看重的是心靈上的滿足和有意義的生活，過程中的經驗往往才是最珍貴的，結果反而不是最重要。當你能夠漸漸把握和享受這個追求過程，你為別的事情焦慮的機會相對減少，因你已找到有意義和價值的人生焦點了！

2 接受和承諾治療的啟示

近年在心理治療界非常流行的接受和承諾治療（Acceptance and Commitment Therapy），也是啟發我們以上觀點的另一個源頭。這種療法有兩個重點：「接受」和「承諾」。「接受」的意思是，我們因應現實而採取一個安然接受而非抗拒的態度，縱使現實有時與我們的理想有很大差距；其實抗拒或逃避只會造成更多的掙扎和痛苦，接受才可以帶來平靜自在的感覺。至於另一個主題「承諾」，就是指我們應選擇過一個努力實踐自己信念或信仰的生活，去做自己相信和認為最重要的事情，即使當中有困難和阻礙，也不會放棄或後退。**這套療法的創立人 Dr. Steven Hayes 認為，最重要的是你有否努力和有承擔地去做應做的事情，過一個合乎自己價值和心意的生活。成果如何不是最重要，得失不是一切，只要你有努力去過這種生活，你已經是個得勝的人，不枉此生！**

在 Steven Hayes 眼中，認清和實踐自己的價值信念是過有意義的人生不可或缺的條件。人生就像一次旅程，價值就是旅程中的路標，助你找到要到達的目的地。而且，價值永遠是與行動連在一起，你必須按你的價值觀為自己的生活作出選擇，投身於你認為重要的事情上。價值不是用來掛在口邊的，乃是要實踐出來的。

你不難發現，接受和承諾治療與上文提到的價值取向課題有異曲同工之妙，與正向心理學所提倡的美好人生更是不謀而合，兩者都重視經努力而獲取的滿足，和實踐自己的信念和價值（如「充實的人生」和「富意義的人生」）。在這個一致的框架下，你可以全新的角度去衡量個人的焦慮問題。當你釐清自己的人生價值和意義之後，你可能發現值得焦慮的事情和處境已經改變過來；即或不是，你也可帶着一股勇氣和熱情，去迎接自己的焦慮。不要讓焦慮的感覺成為你踏上意義價值之旅的絆腳石；即使焦慮仍在，你也可昂首前進，因你知道是為自己的理想和信念奮鬥！

接受和承諾治療運用一份「價值生活問卷」(Valued-Living Questionnaire)(Wilson & Groom, 2002) 來協助人尋找和肯定自己生活中的價值所在，這問卷幫助我們反思對十個不同生活範疇的重視程度，包括：家庭（不包括親子和夫婦的關係），婚姻／愛侶關係，親子關係，友誼，工作，教育，娛樂，靈性生活，公民責任，身體健康。你對這十個生活範疇的重視程度反映你的價值取向和人生意義，有趣的是在這十個範疇中並沒有財富這項，似乎表示在這治療框架裏，物質和財富的追求不被重視，與美好有意義的人生扯不上太大關係。

實戰區

價值大拍賣

以下是十種人生中最常被重視的東西，假設你有 100 萬，你要如何分配金錢來「購買」這些在「拍賣場」上的「拍賣品」呢？

1. 健康 ________元
2. 家庭 ________元
3. 工作 / 事業 ________元
4. 宗教信仰 / 靈性生活 ________元
5. 興趣 / 娛樂 ________元
6. 友誼 ________元
7. 愛情 ________元
8. 社會參與 ________元
9. 學習 / 教育 ________元
10. 財富 ________元

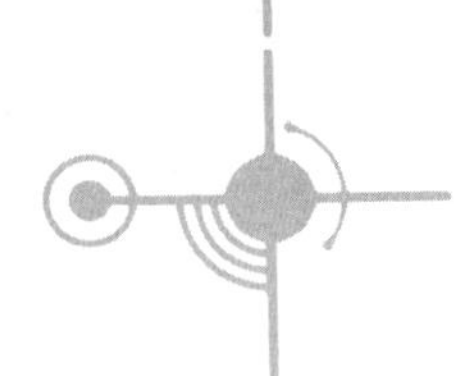

1. 從這個練習中，你對自己的價值觀有何認識呢？

______

2. 你現在的生活是否正在實踐以上的價值取向呢？

______

3 品格培養

除了價值觀之外，另一個長遠來説幫助減少焦慮的元素，就是個人品格的培養。正向心理學過去也曾對此作過深入的研究，Seligman 和其他學者曾對差不多二百種不同時代的東西文明作出深入研究，發現大部分文明都一致推崇六種美德（virtues），當中包含二十四個品格優點（character strengths）。他們認為，美好的人生應建基於良好的品格（good character），因人的行為受自己的品格影響，具良好品格的人自然會做出正面有建設性的行為，為自己帶來成功美好的人生；反之，不良品格的人會為自己帶來傷害和遺憾。

在他們所研究的二十四個品格優點之中，我們認為有五個會較直接影響個人的焦慮情況。假如你能提升這五個品格優點，就很有可能改善自己的焦慮問題。這五個品格優點包括：

(1) 樂觀

容易焦慮的人大多較易憂慮和悲觀，他們總是將事情嚴重化，甚至災難化，相信最壞的結果很大可能會出現，自己總是最不幸的一個。社交焦慮症患者相信自己是別人注視的對象；驚恐症患者認為自己恐慌發作時最壞的事情（包括死亡）將會發生；廣泛性焦慮症的朋友是最典型的悲觀主義者，他們幾乎是每事擔憂，惶恐終日。

既然悲觀的習慣性思維是焦慮的催化劑，學習樂觀應是改變這習慣的「祕密武器」。樂觀與悲觀雖然有部分是天生的，但後天的培養也很重要。Seligman是學習樂觀的權威，他認為學習樂觀的關鍵在於改變對事物和經驗的解釋方式（attributional style）。對失敗和成功的經驗，悲觀和樂觀的人有三方面不同的理解：悲觀者認定失敗是永遠的、全面的和自取其咎的；相反，**樂觀者認為失敗只是短暫的、局部的、並非全是自己的責任**。悲觀者的看法容易叫自己意志低沉和逃避困難，造成惡性循環；而樂觀者的看法則有助自我激勵和繼續努力，結果有較大機會帶來轉機（可參考第八章建立自我效能感的途徑，透過提升自信，培養樂觀的態度）。

(2) 勇敢

第二個可以改善焦慮的品格是勇敢。恐懼是焦慮的基本情緒，不正常的恐懼有兩個特色：高估事情的威脅性和危險性；低估自己的應付能力。低估自己能力可以有很多方面，其中之一就是不相信自己有勇氣和決心去面對艱難和挑戰，所以很多易焦慮的人都是怕事和畏縮的。如果能夠增強

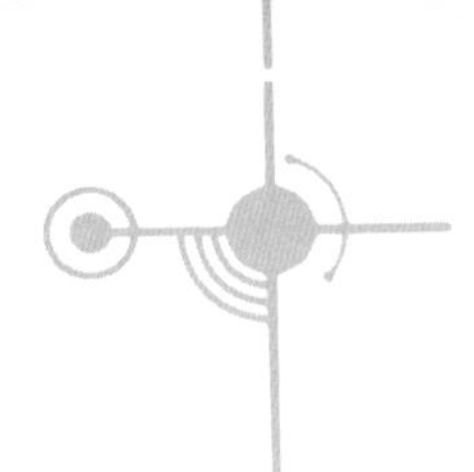

和培養勇敢的個性，對改善焦慮一定有幫助。

勇敢的人都有以下特徵：

- 清楚確定自己的價值觀和信念
- 努力追求自己的目標
- 不怕失敗和挫折
- 願意忍受痛苦，付出代價
- 正面思維多於負面思維

(3) 幽默感

我們相信另一個減少焦慮的品格優點是幽默感。你可認識幽默風趣的人呢？這類性格的人大多不會是緊張大師或焦慮症患者，因幽默可為你帶來歡笑和輕鬆的感覺。到底什麼是幽默呢？**幽默是一種可以發掘事情可笑和輕鬆一面的能力，能夠從抽離和嶄新的角度去詮釋現實，發揮不落俗套的思維。**幽默感強的人通常都不會太執著和過分嚴肅，能夠看透事情，用多角度思考，所以不容易被焦慮纏繞。

你可嘗試用以下方法提升自己的幽默感：

- 多讀笑話或幽默小品
- 多看笑片和喜劇
- 多釋放自己的思維，從多角度來思考

- 想像事情可能出現新奇、出人意表的發展
- 多與幽默愛說笑的人相處
- 多練習說笑的技巧

(4) 社交智能

社交智能是二十四個品格優點的其中一個，對焦慮的處理也非常重要。很多焦慮都與人有關，例如害怕被人批評和拒絕、怕失去面子或出醜、怕被人比下去等，社交焦慮症患者最明白這點。社交焦慮的部分成因是自己對社交情境過分憂慮和敏感，是思維上的錯誤判斷。另一個普遍的成因是缺乏社交智能或技巧，例如不懂得如何表達和堅持信念、不曉得情感上的理解與溝通和衝突的處理等。很多有社交焦慮的朋友過去都有一些社交上失敗的經驗，如被人嘲笑或出賣，以致他們對社交活動產生負面思想和恐懼。假如能夠改善和提升自己的社交智能，就可減低焦慮情況。你可嘗試透過以下途徑來提升社交智能：

- 閱讀有關社交理論和技巧的書籍
- 參加社交技巧訓練班
- 觀察和模仿身邊社交能力強的人
- 勇於突破自己的限制，嘗試新的社交經驗（如結識新朋友）
- 參加團體活動，建立正面的團體生活
- 選擇合適對象，建立進深的友誼

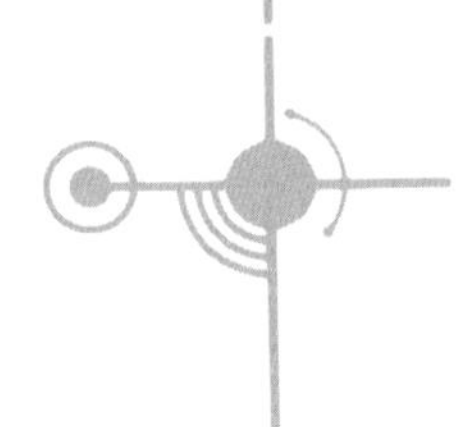

(5) 靈性意義的追尋

焦慮是負面心理能量，與缺乏安全感和悲觀有關，通常源於害怕失去所重視的。減少焦慮的一個方法就是增加正面的心理能量，而靈性和意義的追尋就是一個主要途徑。你可有經歷過：當你被一些靈性或意義層面的事情吸引時，你的焦點不同了，對平時足以引起焦慮的事情感覺也會不同，彷彿問題被縮小了、淡化了，不值得這麼焦慮似的！

靈性的範疇很闊，凡涉及真、善、美的東西，都可算是與靈性有關；超越自我，關繫到人生最根本和終極問題的，也是靈性和意義的主題，例如生命的價值、人生的意義等。假若你多放點精神去追求有意義或靈性的事情，少為物質名利等事情操心，你可以享受更多的樂趣和喜悅，不妨試試：

- 閱讀一些與心靈有關的書籍
- 參加退修營或與靜觀和默想等有關課程
- 研究一下宗教對人的好處（或壞處）
- 欣賞大自然的美麗和奇妙
- 學習和欣賞藝術的精萃，如看歌劇、學繪畫創作等
- 從事創造性的活動

靈性與宗教的重要

在一項調查中，42% 的病人表示宗教信仰是他們患病中的支持力量。在美國，有 63% 的人表示宗教信仰在他們的人生中非常重要。不同研究都顯示，宗教信仰可以對個人的心理健康產生正面的作用：

- 提升生活滿意感和快樂程度
- 增加樂觀、希望和人生意義感
- 鞏固婚姻關係
- 減少抑鬱和焦慮等負面情緒
- 減少吸毒濫藥和自殺的機會

靈性與宗教信仰似乎能為個人提供人生的方向和意義，使人感覺正面，提升積極性，亦能於逆境中發揮穩定和安慰的作用。

4 結語

本書已到了尾聲，我們與你一起走過破解焦慮之旅，希望書中的內容與建議都對你有幫助。我們重申，焦慮乃生活中無可避免的情緒反應，有其正面的功能，可助你及早採取適當措施來脫險或防患於未然。可是，過度、經常或不合理的焦慮會成為困擾，嚴重的更會演變成焦慮症。假如你

參考資料

Smith, L. L., & Elliott, C. H.(2003). *Overcoming Anxiety for Dummies.* New York: Wiley Publishing Inc.

霍玉蓮（1996）:《怎可以一生一世》，香港：突破出版社。

參考資訊：為患者和家屬提供的社區資源

(1) 熱線服務

	查詢電話
香港心理衛生會 24 小時心理健康資訊熱線	2772 0047
浸會愛群社會服務處　精神健康綜合服務	2535 4135
醫院管理局 24 小時精神科熱線	2466 7350

(2) 焦慮症患者 / 家屬互助小組

	查詢電話	網址
基督教愛協團契	2958 1770	http://www.oihip.org.hk
家連家精神健康倡導協會	2144 7244	http://www.familylink.org.hk

(3) 情緒健康教育課程

	查詢電話	網址
香港心理衛生會	2528 4656	http://www.mhahk.org.hk
香港明愛心理健康輔導計劃	2649 2977	http://family.caritas.org.hk/index.php
香港家庭福利會「以家為本」心理健康服務	2527 3171	http://www.hkfws.org.hk
香港神託會　青年新領域	2647 8816	http://youthoutlook.stewards.org.hk
聯合情緒健康教育中心	2349 3212	http://www.ucep.org.hk

（4）網頁

	網址
情報新地	http://www.sundaemood.hk
Mental Health Foundation	http://www.mentalhealth.org.uk
全人發展中心	http://www.ican.com.hk
香港基督教女青年會	http://www.fwc.ywca.org.hk
Association for Behavioral and Cognitive Therapies	http://www.aabt.org
American Psychological Association	http://www.apa.org
香港心理學會	http://www.hkps.org.hk
National Institute of Mental Health（United State）	http://www.nimh.nih.gov
香港復康會社區復康網絡	http://www.rehabsociety.org.hk

（5）中文書籍

1. 湯國鈞、何敏賢、李智群（2017）：《誰偷走了我的快樂——應對負面情緒自助手冊》，香港：突破出版社。
2. 李誠（2004）：《談情說病——漫談情緒病》，香港：天健出版社。
3. 郭碧珊（2005）：《為情所困——走出情緒病深淵》，香港：經濟日報出版社。
4. 李誠（2006）：《見焦拆焦》，香港：博益出版社。
5. 黃富強、孫玉傑主編（2007）：《駕馭焦慮——「認知治療」自學／輔助手冊》，香港：天健出版社。
6. 艾瑞克・郝蘭德爾著、莊凱迪譯（2007）：《走出社交焦慮的陰影》，台北：商周出版社。
7. 辛西亞・萊斯特著、張美智譯（2007）：《幫助孩子克服焦慮》，台北：世茂出版社。

健康情緒自助系列 1

《抑鬱自療》

作者：湯國鈞、李靜慧、呂慧詩

抑鬱有如一度冷鋒，使人長期處於極寒境地，感受不到絲毫暖意。但這是否抑鬱者的宿命？《抑鬱自療》強調的是健康情緒要自助，本書除了介紹治療抑鬱症的自療理論，還度身訂造思考題、練習題，供希望擺脱抑鬱困擾、追求健康情緒的讀者使用。本書更嘗試從人的生存目標、人際關係及自我形象入手，再加入近年受重視的正向心理學，冀幫助讀者透過自我調整，達到長遠的心理健康，過有意義及目標的人生，較單單治療疾患的目標更高更遠。

《抑鬱症，你還未懂的 10 件事》

作者：徐理強

情緒不好不等如抑鬱？身體有什麼徵兆？抑鬱症是心理問題？生理疾病？抑鬱症與基因和環境有關？抑鬱症究竟有多普遍？信仰對病人有幫助嗎？為何治療效果不理想？如何追尋快樂，遠離抑鬱？釐清真相，走出抑鬱幽谷。

《圖解精神健康》

作者：張力智

本書分四個部分，儘量以幽默風趣手法介紹精神病基本知識，包括：精神病醫生的職責和澄清誤解、常見精神病介紹、精神病的治理和求醫、澄清對精神病的誤解。

《情緒有益》

作者：李兆康、區祥江

有説，情緒沒有好壞之分，現實卻否認這説法。兩位資深輔導員，分享與情緒相處的10 種秘訣，同時探討 5 種總被認為「負面」的情緒，讓讀者擺脱情緒的羈絆，輕鬆生活。

心理與栽培系列最新書目

心理診療所

書名	作者
抑鬱症，你還未懂的10件事	徐理強
圖解精神健康	張力智
抑鬱自療	湯國鈞等
解開抑鬱	李耀全等

生活與輔導

書名	作者
做自己的生涯規劃師	張文彪
現實，我受夠了 —— 應對無力感的6個關鍵	伍詠光
當10cm遇上3cm —— 癌病同行的心靈札記	霍玉蓮、蔡揚眉
情緒傷害的醫治	黃麗彰
誰偷走了我的快樂 —— 應對負面情緒自助手冊	湯國鈞、李靜慧、李智群
邊個想返工 —— 拆解職場新丁49道難題	伍詠光、林峰、馮文傑、萬樂人、廖燕萍
下流世代的上流生活	吳渭濱、區祥江
輔導小百科（增訂版）	區祥江
會哭才是真男人	曾立煌、區祥江
我要真關係 —— 在人際中解結與成長	區祥江
無朋友	周偉豪、廖暉清等
勇敢做自己	伍詠光
婚姻，你真的懂？	上官賢恩、蔡元雲等
情難捨 —— 為誰而愛，為何相分？	霍玉蓮
改寫未來的9種生存力	區祥江、周偉豪、區穎珩
工，唔係咁打！	伍詠光
情緒有益	李兆康、區祥江
幸福的實踐 —— 婚姻輔導解構	黃麗彰
總有一次失戀	馬妙如、區祥江等
化解婚姻中的13種危機	區祥江
戀愛出事的理由	伍詠光
兒童及青少年心理個案 —— 專家會診及治療	羅健文